何彬生 马贤兴 / 主编

编写人员 魏素红 杨毅斌
　　　　　邓　鹏 杨茹婷

民办学校（非营利性）
税收法律政策研究与案例评析

以学生学费、住宿费等免税收入为视角

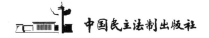

中国民主法制出版社

图书在版编目（CIP）数据

民办学校（非营利性）税收法律政策研究与案例评析：以学生学费、住宿费等免税收入为视角/何彬生，马贤兴主编．—北京：中国民主法制出版社，2024.6

ISBN 978-7-5162-3684-0

Ⅰ．①民…　Ⅱ　①何…　②马…　Ⅲ．①民办学校—税法—研究—中国　Ⅳ．①D922.220.4

中国国家版本馆 CIP 数据核字（2024）第 101666 号

图书出品人：刘海涛
责 任 编 辑：逯卫光

————————————————————————————————

书名/民办学校（非营利性）税收法律政策研究与案例评析
　　　——以学生学费、住宿费等免税收入为视角
作者/何彬生　马贤兴　主　编

————————————————————————————————

出版·发行/中国民主法制出版社
地址/北京市丰台区右安门外玉林里 7 号（100069）
电话/（010）63055259（总编室）　63058068　63057714（营销中心）
传真/（010）63055259
http：// www.npcpub.com
E-mail：mzfz@npcpub.com
经销/新华书店
开本/16 开　710 毫米 ×1000 毫米
印张/12.25　字数/175 千字
版本/2024 年 6 月第 1 版　2024 年 6 月第 1 次印刷
印刷/北京新华印刷有限公司

————————————————————————————————

书号/ISBN 978-7-5162-3684-0
定价/52.00 元
出版声明/版权所有，侵权必究。

————————————————————————————————

主编简介

何彬生：中国民办教育协会副会长，国家教育部专家库专家，湖南省工商管理类专业教学指导委员会委员，湖南省医学教育学会常务理事，第十届中国国际教育科学研究院名誉院长，中国国际贸易促进会副理事长，中华医院管理协会副理事长，第十二届全国人大代表。

马贤兴：中国法律伦理学术委员会委员，湖南省政府立法专家，湖南省民法典宣讲团、湖南省八五普法讲师团成员，长沙市首席法律咨询专家，长沙市人大常委会立法咨询专家，长沙市虚假诉讼（仲裁）治理研究中心主任，湘潭大学特聘教授，中南大学兼职教授，凤凰公证研究院高级顾问。

前　　言

　　民办学校分类管理是党中央、国务院确定的重大改革方向，是贯彻落实《民办教育促进法》修法精神的重要举措，是深化教育领域综合改革的重要内容。

　　2016 年 11 月 7 日，《全国人民代表大会常务委员会关于修改〈中华人民共和国民办教育促进法〉的决定》，一个极其重要的立法精神就是对民办学校进行"非营利性和营利性"分类管理改革，鼓励社会力量大力兴办非营利性民办学校，发展公益性民办教育事业，造福社会。为此，国务院于 2016 年 12 月专门下发《国务院关于鼓励社会力量兴办教育促进民办教育健康发展的若干意见》（以下称"国发〔2016〕81 号意见"）。该意见提出"以实行分类管理为突破口，创新体制机制，完善扶持政策，加强规范管理，提高办学质量，进一步调动社会力量兴办教育的积极性，促进民办教育持续健康发展"。

　　该意见还指出非营利性民办学校的一个重要特质就是"非营利性民办学校举办者不取得办学收益，办学结余全部用于办学"。因此，意见提出"国家积极鼓励和大力支持社会力量举办非营利性民办学校。各级人民政府要完善制度政策，在政府补贴、政府购买服务、基金奖励、捐资激励、土地划拨、税费减免等方面对非营利性民办学校给予扶持"。

　　就当前而言，对民办教育实施分类管理，关键是落实对非营利性民办学校的同等税收优惠政策。《民办教育促进法》及其实施条例和国务院"国发〔2016〕81 号意见"在税收方面有十分具体而明确的规定和政策支持导向。《民办教育促进法》第 47 条和《民办教育促进法实施条例》第54 条均规定："民办学校享受国家规定的税收优惠政策；其中，非营利性民办学校享受与公办学校同等的税收优惠政策。"

　　"国发〔2016〕81 号意见"特别强调落实税费优惠等激励政策，明确规定非营利性民办学校与公办学校享有同等待遇，"免征非营利性收入的企业所得税"。

故此，税务等行政执法和司法部门应确立依法执法、全面执法、完整执法、系统执法的理念，对国家所有法律和行政法规都要系统掌握，完整理解，全面执行。我们了解到，少数地方税务部门对一些非营利性民办学校征收学生学费、住宿费企业所得税，作出的税务处理决定未能系统考虑、全面适用、完整理解《民办教育促进法》第5条、第47条，《企业所得税法》第26条第4项，《税收征收管理法》第3条，《民办教育促进法实施条例》第54条和"国发〔2016〕81号意见"等一系列法律、行政法规的规定，不符合国家对民办学校实行"非营利性和营利性"分类管理和"国发〔2016〕81号意见"鼓励支持民办教育事业发展的要求，也会对党和国家对民办学校进行"非营利性和营利性"分类管理改革的重大政策带来消极影响。

《民办教育促进法》第47条规定，"非营利性民办学校享受与公办学校同等的税收优惠政策"。根据这一法律精神，非营利性民办学校就得享受与公办学校同等税收政策。国家对公办学校学生的学费、住宿费不征收企业所得税，对非营利性民办学校学生的学费、住宿费理所当然地也不得征收企业所得税。

对于公办学校来说，我国法律明确规定了学费、住宿费作为公办高等学校的行政事业性收费，属于《企业所得税法》的不征税收入范围。而且，在财政部于2017年发布的《全国性及中央部门和单位行政事业性收费目录清单》中，也明确列举了公办高等学校（含科研院所、各级党校等）学费、住宿费、委托培养费、函大、电大、夜大及短期培训费属于行政事业性收费。《企业所得税法》第7条第2项规定了"依法收取并纳入财政管理的行政事业性收费、政府性基金"为不征税收入。故公办学校收取的学费、住宿费的性质为行政事业性收费，属于不征税收入范围。

《湖南省民办教育收费管理办法》第13条要求"捐资举办的民办学校和出资人不要求取得回报的民办学校，其收费按照行政事业性收费管理"。全国人大常委会法工委、教育行政部门在相关文件、函件和答复中均明确提出对非营利性民办学校应当与公办学校一样，同等享受免征学费、住宿费收入企业所得税的优惠政策。早在 2016 年 12 月 30 日教育部、人力资源社会保障部、民政部、中央编办、工商总局还联合下发了《民办学校分类登记实施细则》，要求全国予以执行。

非营利性民办学校"享受与公办学校同等税收优惠政策"。这个"同等"，不仅是实体权利的同等，也还必须是程序权利的同等，才能全面落实"同等"税收优惠政策。如前文所述，财政部于 2017 年发布的有关清单，明确列举了公办高等学校学费、住宿费等费项属于行政事业性收费，为不征税收入，无须办理"不征税资格"或"免税资格"。同理，非营利性民办学校的学费、住宿费既然享受"与公办学校同等税收优惠政策"，公办学校不需要办理"不征税资格"或"免税资格"，非营利性民办学校也理所当然地不需要办理"不征税资格""免税资格"。故《财政部、国家税务总局关于非营利组织免税资格认定管理有关问题的通知》（以下称"财税〔2018〕13 号通知"）关于办理"免税资格"的适用范围不应包括非营利性民办学校。税务部门在核查非营利性民办学校相关税项时，只须审查其是否符合《企业所得税法》第 26 条第 4 项和《企业所得税法实施条例》第 84 条规定的"非营利性组织"的条件，符合"非营利性组织"条件的"非营利性收入"，则为"免税收入"。

从法理上说，《民办教育促进法》第 47 条和《民办教育促进法实施条例》第 54 条均规定了"非营利性民办学校享受与公办学校同等税收优惠政策"，这是上位法、特别法，而"财税〔2018〕13 号通知"等属于财税系统内部规范性文件，其效力或许可以依法及于其他"非营利性组织"，但不能及于上位法、特别法已有明确规定的非营利性民办学校。

当然，依据《企业所得税法实施条例》第 85 条规定的精神，对非营利性民办学校等"非营利性组织"的"从事营利性活动取得的收入"，如门面出租、兴办其他营利性实体等收入可以依照法律征收企业所得税。

税收是一项法律性和政策性都很强的事业，相关行政执法应该有更高的站位，要服从国家整体社会发展的规划和需要，而不能仅仅从部门视角来考虑和处理问题。首先，税收法定是最基本的原则。我国《宪法》第 56 条也规定"中华人民共和国公民有依照法律纳税的义务"，而不是依照财税部门的内部文件纳税，没有法律或国务院行政法规明确规定的税种、税项，纳税人不应纳税，税务机构也不得征税。《立法法》第 11 条第 6 项规定"税种的设立、税率的确定和税收征收管理等税收基本制度"，都必须通过制定法律来规定，这充分说明税收具有严格的法律属性。其次，税收又是扶持社会事业发展的重要工具和调节分配的有效杠杆，其政策性又十分凸显。以非营利性民办学校为例，一方面，《民办教育促进法》及其实施条例规定"非营利性民办学校享受与公办学校同等税收优惠政策"，这是法律的明确规定；另一方面，对民办教育实行"非营利性和营利性"分类管理，这是党和国家的重大政策导向。对非营利性民办学校，一切执法和司法确须具有很高的法律政策水平和综合素养。

实际上，解决"对非营利性民办学校学费、住宿费收入是否征收企业所得税"问题的关键是要求行政执法全面系统地掌握有关民办教育的全部法律和国家对民办教育实行"营利性和非营利性分类管理改革，大力提倡社会力量举办非营利性民办教育"的重大政策。我们要重新审视非营利性民办学校税收相关法律和政策，科学合理地对相关法律与政策作出理解、解释和适用，更要求相关部门对其内部规范性文件实施进一步的"立改废"。梳理发现，与非营利性民办学校学费住宿费相关法律文件主要是：《民办教育促进法》（2018 年修正）、《企业所得税法》（2018 年修正）、《税收征收管理法》（2015 年修正）、《民办教育促进法实施条例》（2021年修订）、《企业所得税法实施条例》（2019 年修订）、《税收征收管理法实施细则》（2016 年修订）等；主要政策性文件（含内部通知）是：《国务院关于鼓励社会力量兴办教育促进民办教育健康发展的若干意见》〔国发〔2016〕81 号）、《国务院关于税收等优惠政策相关事项的通知》〔国发〔2015〕25 号）、《财政部、国家税务总局关于非营利组织企业所得税免税收入问题的通知》（财税〔2009〕122 号）、《财政部、国家税务总局关于非营利组织免税资格认定管理有关问题的通知》（财税〔2018〕13 号）、《民间非营利组织会计制度》（财会〔2004〕7 号）等。

本书坚持以"习近平法治思想"为指导，以"信仰法律、坚守法律、维护法律"为出发点，以"对长沙医学院案件实证调研资料"为事实依据，以法律为准绳，充分运用法理、法治理念、法律精神和国家政策，深入梳理、剖析非营利性民办学校学费、住宿费税收相关法律与政策，以期对税收法治和类似案件的处理提供理论和实务借鉴。

全书分为上、下两篇，共十二章节。上篇为理论篇，主要阐释非营利性民办学校税收法律与政策理论问题。一是税收的基本原则，包括税收法定、税收公平、税收正义等基本原则，这是税收的逻辑起点；二是非营利性民办学校的法律地位和非营利性民办学校税收优惠权利阐释，这是非营利性民办学校税收问题的基础；三是对非营利性民办学校税收法律与政策进行检索梳理，并运用法理学明确法律与政策的适用规则；四是对同等税收优惠待遇、不征税规定、免税规定的理解进行论证，并阐明非营利性民办学校税收待遇的实现与救济路径；五是从实体权利、程序权利基本理论出发，对非营利性民办学校免税资格问题进行解析，明确财税主管部门的相关内部文件无对外适用效力。下篇为实务篇，主要是以"长沙医学院税案"为研析实案，运用司法适用思维对非营利性民办学校学费、住宿费税收问题进行剖析，得出其为免税收入而不应缴纳企业所得税的结论。一是对长沙医学院"天价税案"的理性述评，阐明案件事实、争议焦点以及解决意见；二是征询专家、学者、法律实务工作者、社会大众、当事人对非营利性民办学校学费住宿费税收问题的看法，并凝练汇编成文。

当前和今后，全面推进民办教育法治化是摆在我们面前的一项重要任务，这就要求我们以"法治思维"引领学校依法治教、依法办学、依法治校，综合运用法律规范、法律原则、法律精神和法律逻辑处理办学过程中的各种问题。非营利性民办学校应高度重视税务管理，对于依照法律应当缴纳的税款，应依法及时申报主动缴纳；对于违规违法征缴的涉税问题，应善于运用法律维权。在法治国家和法治社会，宪法精神、法治理念、法律规则是全社会共识的前提和公民、法人与其他组织的根本遵循。只有做到知法、守法、尊法、用法，社会才能实现公平正义、安定和谐、有序美好。

何彬生

2024 年 6 月

目　　录

上篇　理论篇

003 ▶ 第一章　税收的基本原则

一、税收法定原则 / 004

二、税收公平原则 / 009

三、其他基本原则 / 016

022 ▶ 第二章　非营利性民办学校税收的理论阐释

一、营利性组织与非营利性组织 / 022

二、非营利性民办学校的法律地位 / 027

三、非营利性民办学校的税收优惠权利 / 032

041 ▶ 第三章　非营利性民办学校税收法律与政策的适用规则

一、法律与政策的逻辑关系与适用边界 / 041

二、非营利性民办学校税收法律与政策的梳理 / 049

三、非营利性民办学校税收法律与政策的适用规则 / 054

058 ▶ 第四章　非营利性民办学校税收待遇的理解与适用

一、非营利性民办学校与公办学校享有同等税收
待遇的理解与适用 / 058

二、非营利性民办学校享有不征税收入的理解与适用 / 059

三、非营利性民办学校享有免税收入的理解与适用 / 062

四、非营利性民办学校税收待遇的实现与救济 / 067

070 ▶ 第五章　非营利性民办学校"免税资格"问题辨析

　　一、免税资格与免税待遇的关系辨析 / 071

　　二、免税实体权利的"同等" / 073

　　三、免税程序权利的"同等" / 076

　　四、办理"免税资格"的部门内部文件不具有
　　　　对外适用效力 / 079

　　五、办理免税资格的"财税〔2018〕13号通知"
　　　　属于变相行政许可 / 085

下篇　实务篇

091 ▶ 第六章　关于长沙医学院"天价税案"的理性述评

　　一、案情简介 / 091

　　二、关于案件的法律意见 / 095

　　三、案件焦点问题分析 / 096

　　四、关于妥善处理非营利性民办学校税收争议问题的建议 / 105

108 ▶ 第七章　长沙医学院学生学费、住宿费涉税问题论析

　　一、长沙医学院依法应享受与公办学校同等的税收待遇 / 108

　　二、长沙医学院的学生学历教育学费收入
　　　　属于法定不征税范围 / 110

　　三、学历教育学生学费收入如不属法定不征税范围，
　　　　也认定为免税收入 / 111

　　四、税务部门征税结论违反法律规定和基本法理 / 113

　　五、向非营利性民办学校征收企业所得税会产生负面影响
　　　　和不良社会后果 / 115

117 ▶ 第八章　关于长沙"天价税案"几个问题的法理分析

　　一、非营利性民办学校享受与公办学校同等税收待遇，
　　　　这是法律的明确规定 / 117

　　二、地方税务部门误读曲解上级文件 / 119

三、"财税〔2008〕151号""财税〔2009〕122号"等规范性
文件，亦违反《立法法》精神，当属无效 / 120

四、"财税〔2009〕122号"等规范性文件和相关答复排除了法
律和行政法规的适用 / 121

五、"财税〔2018〕13号"未协同民政部共同制定，有违《立法
法》规定 / 122

六、税务部门不依法确认该校纳税担保，属于选择性执法，
试图剥夺学校行政复议和诉讼法律救济权利 / 123

124 ▶ 第九章 非营利性民办学校学费、住宿费应然为免税收入

一、何为《民办教育促进法》第47条规定的"非营利性民办学
校享受与公办学校同等的税收优惠政策"？ / 124

二、对于收取的学费、住宿费，公办学校作为不征税收入与
非营利性民办学校作为免税收入是否矛盾？ / 125

三、学费、住宿费收入享受免税政策是否以政府举办或
纳入财政管理为前提条件？ / 126

四、"财税〔2009〕122号通知"的合法性问题 / 128

五、非营利性民办学校收取的学费、住宿费为
非营利性收入 / 129

132 ▶ 第十章 落实税收优惠政策 促进非营利性民办教育发展

一、对非营利性民办学校学费、住宿费收入征收企业所得税
缺乏法律依据 / 132

二、落实税收优惠政策，促进非营利性民办教育发展 / 136

140 ▶ 第十一章 行政执法相对人申述：关于长沙医学院涉税情况的汇报

一、税务稽查基本情况 / 140

二、关于长沙医学院性质 / 141

三、关于不应征税的法律依据 / 141

四、对非营利性民办学校征收学费、住宿费企业所得税的
不良社会影响 / 143

147 ▶ 第十二章 关于长沙医学院企业所得税案的法律意见书
　　一、关于规范性文本分析与适用的意见 / 148
　　二、关于"企业所得税"问题的实体内容分析与意见 / 149

154 ▶ 参考文献
160 ▶ 附录：关于非营利性民办学校学费、住宿费收入税收问题的规范性
　　　法律和政策文件汇编
　　中华人民共和国宪法（2018 年修正）（节录）/ 160
　　中华人民共和国立法法（2023 年修正）（节录）/ 160
　　中华人民共和国民法典（2020 年通过）（节录）/ 161
　　中华人民共和国行政诉讼法（2017 年修正）（节录）/ 161
　　中华人民共和国民办教育促进法（2018 年修正）（节录）/ 162
　　中华人民共和国企业所得税法（2018 年修正）（节录）/ 163
　　中华人民共和国税收征收管理法（2015 年修正）（节录）/ 163
　　中华人民共和国民办教育促进法实施条例
　　　（2021 年修订）（节录）/ 164
　　中华人民共和国企业所得税法实施条例
　　　（2019 年修订）（节录）/ 164
　　中华人民共和国税收征收管理法实施细则
　　　（2016 年修订）（节录）/ 165
　　民办非企业单位登记管理暂行条例
　　　（国务院令第 251 号）（节录）/ 165
　　国务院关于鼓励社会力量兴办教育促进民办教育健康发展的
　　　若干意见（国发〔2016〕81 号）（节录）/ 165
　　国务院关于税收等优惠政策相关事项的通知
　　　（国发〔2015〕25 号）（节录）/ 166
　　财政部、国家税务总局关于财政性资金、行政事业性收费、
　　　政府性基金有关企业所得税政策问题的通知
　　　（财税〔2008〕151 号）（节录）/ 167
　　财政部、国家税务总局关于非营利组织企业所得税免税收

入问题的通知（财税〔2009〕122 号）（节录）/ 167

关于非营利组织免税资格认定管理有关问题的通知

（财税〔2018〕13 号）（节录）/ 168

民间非营利组织会计制度（财会〔2004〕7 号）（节录）/ 170

企业所得税优惠政策事项办理办法

（国家税务总局公告 2018 年第 23 号）（节录）/ 171

国家税务总局关于全面实行税务行政许可事项清单管理的公告

（国家税务总局公告 2022 年第 19 号）（节录）/ 172

关于医疗卫生机构有关税收政策的通知

（财税〔2000〕42 号）（节录）/ 172

民办学校分类登记实施细则

（教发〔2016〕19 号）（节录）/ 173

关于进一步加强和规范教育收费管理的意见

（教财〔2020〕5 号）（节录）/ 173

湖南省人民政府关于鼓励社会力量兴办教育促进民办教育健康

发展的实施意见（湘政发〔2019〕2 号）（节录）/ 174

湖南省民办教育收费管理办法

（湘价教〔2009〕99 号）（节录）/ 175

176 ▶ 后　记

上篇　理论篇

第 一 章

税收的基本原则

　　税收基本原则是个智者见智，仁者见仁的问题。有学者主张四个基本原则，即税收法定原则、[1] 税收公平原则、[2] 社会政策原则、[3] 税收效率原则；[4] 有学者主张税收的原则分为基本原则和适用原则两大方面，基本原则包括税收法定原则、税收公平原则和税收效率原则；适用原则包括实质课税原则、诚实信用原则、禁止类推原则、禁止溯及课税原则。[5] 笔者主张税收的基本原则为税收法定原则、税收公平原则、税收效率原则和"法无授权不可为"原则。

　　税收是将纳税人的合法财产无偿收归国家。现代国家为了维护其正常的运行需要通过征税来满足各项正当开支，而税收体现的是国家征税权与公民、法人和非法人组织财产权之间的冲突。[6] 在这个冲突当中，国家凭借其自身强大力量无疑是处于优势地位。如果不对政府的权力予以必要的限制，势必会对公民、法人和非法人组织的财产权带来侵害。[7] 从这个意

〔1〕 吴兵. 税法解释对税收法定原则的现实挑战及因应之道 [J]. 中山大学法律评论，2022，20（02）：245-265.
〔2〕 孙洋，张继. 促进收入公平分配的税收制度及政策完善 [J]. 税务研究，2022（10）：24-27.
〔3〕 昝星源. 社会政策原则下对股息差别化个人所得税政策的审视 [J]. 法制与经济，2015（04）：110-112.
〔4〕 刘剑文，江利杰. 税法总则目标下税收效率原则的功能定位与制度保障 [J]. 税务研究，2023（08）：67-75.
〔5〕 北京市法学会编. 中国经济法三十年 [M]. 北京：中国法制出版社，2008.
〔6〕 张永忠. 税收法定理论研究需要层次论 [J]. 理论月刊，2005（10）：89-91.
〔7〕 车新辕. 税务稽查执法困境及对策研究 [D]. 山东大学，2023.

义上说，税收法定原则，实质上是一个宪法性原则。[1]《宪法》第 12 条第 1 款和第 13 条第 1 款分别规定"社会主义的公共财产神圣不可侵犯"和"公民的合法的私有财产不受侵犯"。故此，如要将公民、法人和其他组织的合法财产无偿收归国家，必须先由国家制定法律对征税作出具体规定。也就是必须有严格的税收实体法和程序法加以规范和制约。

一、税收法定原则

（一）税收法定原则的基本含义和价值

税收法定原则又称税法法定主义，是指税法主体的权利和义务必须由法律来规定，税法的所有构成要素必须由法律来明确。通俗地说，税收法定原则是指由立法者（国家）决定全部税收问题的税法基本原则，即如果没有相应法律作为前提，国家则不能征税，公民、法人和其他组织也没有纳税的义务。税收主体必须依照且仅依照法律的规定征税；纳税主体必须依照且仅依照法律的规定纳税，税收法定原则和税收公平原则一样，是税法中一项十分重要的基本原则。

税收法定原则肇始于英国，现已为当今世界各国所公认，其基本精神在各国宪法或税法中都有体现。其具体内容包括三个部分：税种法定、税收要素法定、税收程序法定。（1）税种法定。即是说，税种必须由法律予以规定；一个税种必定相对应于一税种法律；非经税种法律规定，征税主体没有征税权力，纳税主体不负缴纳义务。这是发生税收关系的法律前提，是税收法定原则的首要内容。（2）税收要素法定。这指的是税收要素必须由法律明确规定。所谓税收要素，具体包括征税主体、纳税主体、征税对象、税率、纳税环节、纳税期限和地点、减免税、税务争议以及税收法律责任等内容。税收要素是税收关系得以具体化的客观标准，是其得以全面展开的法律依据。因此它成为税收法定原则的核心内容。（3）税收程序法定。其基本含义是，税收关系中的实体权利义务得以实现所依据的程

〔1〕 顾华详 . 论《中华人民共和国民法典》对市场经济健康发展的保障作用 [J] . 西华师范大学学报（哲学社会科学版），2021（05）：22-32.

序要素必须经法律规定，并且征纳主体各方均须依法定程序进行相关工作。

税收法定原则的价值在于：一方面使社会经济生活具有法的稳定性；另一方面使社会经济生活具有法的可预见性，以充分保障公民、法人和其他组织的合法财产权益与社会经济秩序，给社会以安定性、人民以安全感。

税收法定原则是税收法治化的最基本的原则和必然要求，它贯穿于税收立法和执法的全过程、全领域。首先，从立法角度而言，税收要素实行法定主义。一是国家对其征收的任何税收，必须由法律规定具体执行；二是国家税收的税收要素的变更，依照有关法律的规定执行；三是税收的各项要素不仅应由法律明确规定，而且这些规定也应尽可能明确。[1] 其次，从执法视角来看，税收须遵循合法性原则。税务部门及其工作人员在征税过程中，必须依照实体法和程序法的具体规定，行使职权，履行职责，充分尊重纳税人的相关权利，维护国家法治形象和良好的营商环境。

（二）税收法定原则在我国宪法和法律中的体现

一般认为，税收法定原则最早是在 1989 年作为西方国家税法的四大基本原则之一介绍到中国来的。中国当代民商法泰斗谢怀栻先生在《西方税法的几个基本问题》中详细地论述了税收法定原则、税收公平原则、社会政策原则和社会效率原则，尤其强调了税收法定精神[2]。税收法定原则也为我国现行立法所采纳。我国《宪法》第 56 条规定："中华人民共和国公民有依照法律纳税的义务。"这是税收法定原则的宪法根据。当然也有学者认为，我国宪法中的上述规定仅能说明公民的纳税义务要依据法律产生和履行，并未说明更重要的方面，即征税主体应依照法律的规定征税，因而该规定无法全面体现税收法定主义的精神。但笔者认为，既然《宪法》已经规定了"中华人民共和国公民有依照法律纳税的义务"，依据"法无授权不可为"的公权行使基本规则，税务机关作为征税主体和公权

---

[1] 贺燕.实质课税原则的法理分析与立法研究——实质正义与税权横向配置［M］.北京：中国政法大学出版社，2015.

[2] 谢怀栻.谢怀栻法学文选［M］.北京：中国法制出版社，2002：42.

行使者，就必须严格依照法律的规定行使职权，按照法律规定的税种、税率和法定程序进行征税。

当然，《宪法》没有规定对单位（法人和非法人组织）有依照法律纳税的义务。为此，《税收征收管理法》第4条予以完善，规定"法律、行政法规规定负有纳税义务的单位和个人为纳税人"。

税收法定原则还直接体现在《税收征收管理法》第3条。该条规定："税收的开征、停征以及减税、免税、退税、补税，依照法律的规定执行；法律授权国务院规定的，依照国务院制定的行政法规的规定执行。""任何机关、单位和个人不得违反法律、行政法规的规定，擅自作出税收开征、停征以及减税、免税、退税、补税和其他同税收法律、行政法规相抵触的决定。"这一规定较全面地反映了税收法定原则要求，使税收法定原则在税收法治中得到了进一步确立和完善。[1]

当然，国家还应出台《税收基本法》，进一步落实宪法原则在税收中的体现，进一步明确公民、法人和其他组织合法财产应受到法律保护，非因法律规定，任何组织和个人不得剥夺其财产。[2] 国家也是基于法律有明确规定和程序，才可实施征税，进行税务执法。从这一点而言，《税收基本法》就成为税法体系中的"宪法"。

我国宪法和法律的一系列规定，使税收法定原则在我国税法体系中成为最基本的原则之一。《宪法》第56条规定："中华人民共和国公民有依照法律纳税的义务。"《立法法》第11条第6项规定"税种的设立、税率的确定和税收征收管理等税收基本制度"，把税收基本制度和国家主权事项、对非国有财产的征收征用、民事基本制度、对公民政治权利的剥夺、限制人身自由的强制措施和处罚等重大事项一并作为需要由国家法律进行规定的事项。可见这些事项绝非一般性事项，具有重大价值和意义。

同时，为了进一步将税收法定原则具体化、可操作化，我国陆续出台了若干税种法。目前，已制定生效实施的税种法有十多种，主要是：

---

〔1〕　王玉辉，苗沛霖. 税收法定原则的宪法学思考［J］. 河南社会科学，2015，23（10）：35-40 + 123.

〔2〕　北京市高级人民法院研究室编. 审判前沿：新类型案件审判实务［M］. 北京：法律出版社，2017.

《企业所得税法》《个人所得税法》《车船税法》《环境保护税法》《烟叶税法》《船舶吨税法》《耕地占用税法》《车辆购置税法》《资源税法》《契税法》《城市维护建设税法》《印花税法》等。之所以要具体制定这些税种法，说明任何税种的开征，必须先制定法律才可依照该税种法实施征税。

（三）在税收执法与司法实践中全面贯彻落实税收法定原则

为什么要坚持税收法定原则？其实道理很简单。如前文所述，税收是将纳税人的合法财产无偿收归国家。因此，必须有严格的实体法和程序法加以规范和制约。相关执法主体必须全面贯彻税收法定原则，防止税收执法的随意性、无序性和恣意擅权、滥用职权，侵害纳税人正当合法权益。

第一，弘扬宪法精神，依法保护纳税主体的合法财产。如前文已述，《宪法》第12条和第13条分别规定"社会主义的公共财产神圣不可侵犯"和"公民的合法的私有财产不受侵犯"。也就是说，无论是公共财产还是合法正当的私有财产，都是宪法和法律保护的财产。国家要将公民、法人和其他组织的财产作为税收无偿征收，必须在有法律或行政法规明确规定的情况下才能实施。[1]

第二，贯彻"法无授权不可为"的公权行使基本规则。征税和税收执法，是一种公权行为。公权行使的基本规则是"法无授权不可为"。也就是公权的行使必须是基于法律的授权。法律没有规定的，原则上不得行使，除非出现了重大紧迫情形，不实施某种职权行为，会给国家利益、社会公共利益和人民生命财产造成无法挽回的重大损失。[2] 以征税为例，法律赋予了国家税务部门专门行使税收执法，其他执法机关无权行使征税权力。税务部门也必须在《税收征收管理法》和各税种法或国务院相关行政法规有具体规定的情况下，才能对某项税种予以课税，并依该税种法律规定的具体税率进行征收。

第三，遵守"上位法优于下位法"等基本法治理念。"上位法优于下

---

〔1〕 许家林，訾磊.论制度环境制约下的我国会计准则体系建设问题［J］.会计之友，2005（07）：72-73.

〔2〕 姜明安.法治的求索与呐喊［M］.北京：中国人民大学出版社，2012.

位法、新法优于旧法、特别法优于一般法"，这是法治社会的基本法律规则，[1] 任何司法和行政执法行为都必须符合这些基本法理。如针对《企业所得税法》这种面向所有纳税人而言，《民办教育促进法》《农业法》《科技进步法》等就是特别法，而前者是一般法。当有关情形于两法发生冲突时，《民办教育促进法》等特别法的规定具有优先适用效力。

第四，严格按照税种法律和法律规定的税率进行征税。税务部门在具体税收征收执法过程中，也必须依据具体的税种法和程序法，进行具体税种的征收执法。如当前社会讨论较多的房产税，由于国家尚未制定房产税法，税务部门就不得征收此税。公办学校和不取得利益回报的非营利性民办学校学生学费、住宿费，国家没有出台此项收费的税法，故也不得征收其学生学费、住宿费的所谓"企业所得税"。只有营利性民办学校因其在工商行政管理机关注册登记，并可进行利润分配，取得利益回报，才可按企业对待，征收企业所得税。

第五，严格遵守税收征收程序法规定。税务部门及其工作人员一切执法活动必须严格依照税收法定程序进行。如对某一纳税人、某一税种启动征税执法，都须遵循严格的法定程序，不得随意执法、选择性执法和违规执法。在执法过程中，还必须向行政执法相对人释明实体法和程序法相关规定，规范交代复议权、诉讼权等权利。

综上所述，税收法定原则，必须在一切税收执法活动中得到全面贯彻落实。如果不坚持税收法定原则，没有具体明确的实体法和程序法加以限制，税收征缴的随意性、无序性和非法性就不可避免；执法人员滥用职权、玩忽职守等渎职违法犯罪问题就会经常性地发生。税收法定原则也是人民法院、人民检察院在处理税收争议案件时必须坚持的司法原则。

《民办教育促进法》第 5 条规定，"民办学校与公办学校具有同等的法律地位"。第 47 条规定："民办学校享受国家规定的税收优惠政策；其中，非营利性民办学校享受与公办学校同等的税收优惠政策。"《企业所得税法》第 26 条第 4 项规定，"符合条件的非营利组织的收入"为"免税收

---

[1] 李兰英. 契约精神与民刑冲突的法律适用——兼评《保险法》第 54 条与《刑法》第 198 条规定之冲突 [J]. 政法论坛，2006（06）：165-172.

入"。《国务院关于鼓励社会力量兴办教育促进民办教育健康发展的若干意见》（国发〔2016〕81号）第14条亦明确规定非营利性民办学校免征非营利性收入企业所得税。

基于非营利性民办学校举办者、投资者"不取得利润分配、利润结余只能用于再发展"的公益属性和非营利性，为了更好地促进民办教育事业健康发展，2016年修正的《民办教育促进法》第47条明确规定，"非营利性民办学校享受与公办学校同等的税收优惠政策"。法理上，这一规定属于法律拟制，即将非营利性民办学校拟制为公办学校，使其产生与公办学校相同的法律后果，在同等条件下享受公办学校的税收待遇。在目的上，该规定系推进民办学校分类管理改革，保障非营利性民办学校与公办学校法律地位平等，促进两者公平竞争的重要举措。公办学校的学费、住宿费收入属于法定不征税范围。

故此，非营利性民办学校学生的学费、住宿费不征收或免收企业所得税，这既是《民办教育促进法》等法律的明确规定，也是国家鼓励社会力量大力兴办非营利性民办教育的政策导向，更是基本的常识常理。税务执法作为公权行使，必须牢固树立宪法精神，充分尊重和捍卫公民、法人和其他组织的合法财产权，只有对法律或国务院行政法规有明确规定的税种进行征税，并在执法过程中，全面坚持税收法定原则，严格遵守有关税收实体法和程序法规定，捍卫国家法治形象，推进依法治税，维护国家税收与公民、法人和其他组织的合法权益保护的平衡，正确处理好征税与放水养鱼培植税源、眼前利益与长远利益的辩证关系，促进良好营商生态环境的形成，坚决杜绝杀鸡取卵、涸泽而渔的短视行为和短期效应。[1]

二、税收公平原则

税收基本原则是统领所有税收规范的根本准则，为包括税收立法、执法、司法、守法在内的一切税收活动所必须遵守。税收公平原则通常被认

---

〔1〕　江必新. 最高人民法院研究室. 司法研究与指导（2012年第3辑）〔M〕. 北京：人民法院出版社，2013.

为是税制设计和实施的首要原则，它和税收法定原则一样，被视为当代税收两大基本原则。[1] 税收法定是核心，是基础，是前提，是保障；税收公平是效果，是检验，是正义，是纳税人和社会的总体认可，是税收制度可持续运行的根本。

（一）税收公平原则的基本含义

税收公平原则，也称税负公平原则，是指纳税人的法律地位必须平等，税收负担在纳税人之间公平分配。[2]

国家征税要使每个纳税人的负担与其经济状况相适当，并使各纳税人之间的负担水平保持公平。税收公平原则是指纳税人在相同的经济条件下应给予同等对待，也即所谓同等税收待遇问题。税收公平又可分为横向公平和纵向公平。横向公平是指经济能力或纳税能力相同的人应当缴纳数额相同的税款，亦即应以同等的课税标准对待经济条件相同的人；纵向公平则是根据支付能力的大小或获得收入的多少对经济条件不同的人予以不同的对待。通俗地说，就是对高收入者应当比低收入者征收更多的税。纵向公平在表象上看似不公平，却更加注重实质的公平。

税收公平原则要求税收必须普遍课征和平等课征，既要体现形式公平，更要注重实质公平。在税收公平与否的衡量标准方面，一般认为，应以纳税人所拥有的财富的多少作为衡量其纳税能力的标准，即要综合运用财产、收入、支出这三种表示财富的尺度来衡量纳税能力的强弱，国家因此而开征相应的税目：财产税、所得税和消费税（或商品税）。[3]

学术界在不同历史时期对税收公平原则的认识也是不同的。从历史发展过程看，税收公平经历了一个从绝对公平到相对公平、从形式公平到实质公平的转变和发展过程。税收的绝对公平，即要求每个纳税人都应缴纳相同数额的税。在税收实践上的反映，就是定额税和人头税的盛行。英国哲学家、经济学家亚当·斯密认为，个人为支持政府，应按个人的能力，即以个人在国家保护下所获得的利益，按比例缴纳税收，此即为自然正义

〔1〕 罗斌元．税务会计学［M］．北京：经济科学出版社，2015．
〔2〕 刘剑文．财税法专题研究（第二版）［M］．北京：北京大学出版社，2007：196．
〔3〕 宣志欣．税收公平视角下云南房产税法律问题的思考［J］．云南开放大学学报，2013，15
　　（01）：51-55．

公平。亚当·斯密的"纳税公平原则"或称自然正义公平学说，后经德国经济学家瓦格纳注入社会政策观念，改造成"课税公平原则"或称社会政策公平学说，即按纳税能力的大小，采用累进税率课税，以求得实质上的平等。同时，对最低生活费免税，并重课财产所得税。这是瓦格纳的社会政策公平与亚当·斯密的自然正义公平区别所在。瓦格纳将公平的标准从绝对公平发展到相对公平，即征税要考虑纳税人的纳税能力。纳税能力大的，应多纳税，纳税能力小的则少纳税，这更加体现了实质公平。

（二）税收公平原则的影响因素

1. 税收公平与立法的关系

我国的税收立法并没有明确提出税收公平原则，但是所实行的普遍课税制度以及区别对待、合理负担的原则，实际上体现了税收公平的精神。[1]

税收立法的首要价值在于体现公平。惟有公平，税收立法才是"良法"；任何不能体现公平的立法，都有可能成为"恶法"。[2]《税收征收管理法》第3条规定："税收的开征、停征以及减税、免税、退税、补税，依照法律的规定执行；法律授权国务院规定的，依照国务院制定的行政法规的规定执行。""任何机关、单位和个人不得违反法律、行政法规的规定，擅自作出税收开征、停征以及减税、免税、退税、补税和其他同税收法律、行政法规相抵触的决定。"这一规定既是税收法定原则的本质反映，更是税收公平原则的必然要求。

税收是调节国民收入分配的重要杠杆，而要发挥好杠杆作用，就在于税收立法的科学性和公平性。[3] 税收立法的公平性必须以立法的科学性为前提。税收立法没有科学性，就会丧失公平性，而且税收的杠杆作用也得不到合理的发挥。税收法律制定具有公平性，才为税收执法带来科学的执法依据。以《个人所得税法》为例。立法上普遍采用累进税率，累进税率

〔1〕　宋槿篱，马峻．加入WTO与税收公平主义原则［J］．湖南经济管理干部学院学报，2002（03）：53-55.
〔2〕　刘剑文，陈立诚．论房产税改革路径的法治化建构［J］．法学杂志，2014，35（02）：1-12.
〔3〕　朱诗柱，韩青．论我国经济社会发展深层次问题的财税体制根源［J］．税务研究，2007（08）：33-36.

是实现财富再分配的手段，故累进税率是合理性的差别，并不违反公平原则，现代税法学界对税收公平原则和累进税率制度总体来看是持肯定态度的。然而，如果没有尽可能考量行业差别，仅有累进税率仍然不够，难以全面体现税收的公平。比如，目前采用无行业差别的统一累进税率制，影视行业、娱乐产业和互联网平台等新兴业态如直播带货等具有暴利性，而科学教育文化等需要长时间投入智慧成本、经济成本，见效慢，回报率低，有的甚至根本没有利益回报；有的虽然能产生一定的经济效益，但其投入产出比例很难体现市场价值，甚至出现价格倒挂。如果实行一个统一的累进税率，显然不合理，因而也是不公平的。比如，对社会进步贡献突出的科学家和创造发明家等人士，他们应该享有更高的收入，但如果与那些暴利获得者，如影视明星等按45%的税率统一征税，税负公平就成很大的问题。与此同时，现行《个人所得税法》还存在税源范围相对窄小、分类税制税负失衡、计税方式差异较大、扣除制度不合理等问题，亟待修正调整。

2. 税收公平与执法的关系

执法中行政机关与纳税人在税收征纳过程中，由于行政机关自由裁量权的存在，以及纳税人权利意识的觉醒，这些都要求税务部门在行使自由裁量权时必须遵守税收公平原则，相同情况相同对待。[1] 折旧的延期、滞纳处分的停止，这类有益于纳税者利益的权限在行使时，若对处于统一状况下的不同纳税人，对一方行使了上述权限而对另一方拒绝行使上述权限时，就违反了税收公平原则。

税收效率原则需要税务执法发挥一定的自由裁量权，如何把自由裁量权控制在适当的限度，是税务执法的十分重要的课题。自由裁量权行使不适当，直接后果就会影响税收公平。

以对"非营利性民办学校"学生学费、住宿费是否要征收企业所得税为例，这种执法过程中的自由裁量权如果得不到有效限制，就会导致职权滥用。一些地方税务部门搞选择性执法，违反《民办教育促进法》及其实施条例有关"非营利性民办学校享受与公办学校同等税收优惠政策"的明

---

〔1〕 苏荣. 和谐社会下财税体制构建的若干问题思考［J］. 产业与科技论坛，2008（03）：196-198.

确规定，对少数"非营利性民办学校"学生学费、住宿费征收巨额企业所得税，而对另一些同为非营利性民办学校同类收费事项则不征收企业所得税，甚至对一些营利性民办学校或培训机构也为其办理"免税资格"，免征相关税项。[1] 这既严重违反法律规定，破坏法律的统一实施，更丧失了税收的公平性。

对于公办学校来说，我国法律明确规定了学费、住宿费作为公办高等学校的行政事业性收费，属于《企业所得税法》的不征税收入范围。且在财政部于 2017 年发布的《全国性及中央部门和单位行政事业性收费目录清单》中，也明确列举了公办高等学校（含科研院所、各级党校等）学费、住宿费、委托培养费、函大电大夜大及短期培训费属于行政事业性收费。《企业所得税法》第 7 条第 2 项规定了"依法收取并纳入财政管理的行政事业性收费、政府性基金"为不征税收入。故公办学校收取的学费、住宿费的性质为行政事业性收费，属于不征税收入范围。

《民办教育促进法》第 47 条规定，"非营利性民办学校享受与公办学校同等的税收优惠政策"。根据这一法律精神，非营利性民办学校就得享受与公办学校同等税收政策。国家对公办学校学生的学费、住宿费不征收企业所得税，对非营利性民办学校的学生学费、住宿费理所当然地也不得征收企业所得税，这才能体现税收公平。少数地方税务部门在法律、行政法规和部门规章没有规定要对非营利性民办学校学生学费、住宿费征收企业所得税的情况下，以开辟"税源"为由，选择性地对一些非营利性民办学校学生的学费、住宿费征收巨额企业所得税，就严重影响税收公平原则，酿成诸多涉税纷争，影响民营经济、民办事业的营商环境和法治环境。[2]

3. 税收公平与守法的关系

落实税收公平，不仅要求税务执法机关公平征税，也要求所有公民、法人和其他组织确立纳税意识，遵守宪法和法律规定，自觉执行一切税收法律和相关行政法规，主动缴纳各种依照法律规定应缴税款。特别要开展

---

〔1〕 董圣足. 新政之下地方民办教育制度调适与创新的若干思考［J］. 浙江树人大学学报（人文社会科学），2017，17（02）：7-10 + 24.

〔2〕 王锴. 论行政收费的理由和标准［J］. 行政法学研究，2019（03）：39-51.

多形式的税法宣传，正面引领、典型激励、个案剖析、违法制裁，在全社会形成纳税光荣、逃税违法、抗税犯罪的纳税意识和依法纳税文化。文化的力量会产生一种润物无声的、持久的影响。

加强以案释法宣传力度，既要大张旗鼓地宣传正面典型，形成示范引领，也要适时曝光偷税、逃税、抗税的反面案例。特别是对一些影视界、娱乐界明星和网络主播，要加大涉税稽查力度，向社会传递出税务部门依法持续打击影视网络明星和网络主播偷逃税行为、维护税法权威和公平税收环境的坚定决心，体现了对涉税违法行为"零容忍"态度，既对铤而走险偷逃税款的不法分子敲响了警钟，更为守法者营造出公平公正的税收环境。

特别是当前网络直播等新兴业态，往往成为涉税盲点、痛点和难点。为此，2022 年 3 月，国家互联网信息办公室、国家税务总局、国家市场监督管理总局联合印发《关于进一步规范网络直播营利行为促进行业健康发展的意见》，要求网络直播发布者规范纳税、依法享受税收优惠，也要求网络直播平台、网络直播服务机构依法履行代扣代缴义务。打击网络主播偷逃税违法行为、完善网络直播行业税收监管，让法律真正"亮剑"，才能更好整饬乱象，提高从业者税法遵从度，营造出公平公正的税收环境，推动行业从野蛮生长向规范发展转变。有法必依、违法必究，诚信纳税光荣、偷税逃税可耻。所有人都有依法诚信纳税的义务，网络直播等新兴行业既不是法外之地，也不是税收"灰色地带"，作为网络主播或娱乐界明星，无论名气多大、人气多高，一旦偷逃税触碰了法律的底线就难逃制裁，就要承担相应的代价。

（三）在实践中全面落实税收公平原则

第一，弘扬宪法精神严格坚持税收法定原则，依法保护纳税主体的合法财产。如前文已述，《宪法》第 12 条和第 13 条分别规定"社会主义的公共财产神圣不可侵犯"和"公民的合法的私有财产不受侵犯"。也就是说，无论是公共财产还是合法正当的私有财产，都是宪法和法律保护的财产。国家要将公民、法人和其他组织的财产作为税收无偿征收给国家，必须在有法律或行政法规明确规定的情况下才能实施。

第二，限制税收执法自由裁量权。《税收征收管理法》第 3 条规定：

"税收的开征、停征以及减税、免税、退税、补税，依照法律的规定执行；法律授权国务院规定的，依照国务院制定的行政法规的规定执行。""任何机关、单位和个人不得违反法律、行政法规的规定，擅自作出税收开征、停征以及减税、免税、退税、补税和其他同税收法律、行政法规相抵触的决定。"这一规定较全面地反映了税收法定原则要求，使税收法定原则在税收法治中得到了进一步确立和完善，也就限制了税收执法的自由裁量权。因此，税收执法既要坚持税收法定原则，也要限制自由裁量权；既要通过发挥自由裁量获得更大的实质公平，又要把自由裁量控制在合法合理的度上。

第三，坚持实质公平。公平正义不仅是外在表征上的公平即程序公平，更重要的是实体公平和实质公平。学界一般将公平分为形式公平和实质公平。形式公平强调机会公平和分配公平，而实质公平更加注重结果公平。民法强调意思自治，而税法等经济法强调国家干预，通过对意思自治进行必要的限制，以体现结果公平。[1]

实质公平永远是公平正义的本质要义。程序正义固然有它的独立价值，但更重要的是，程序正义的本质是相关主体获得实质正义的保障措施和流程。如果执法者或司法者以为只要进行了程序演绎，公平正义就此成就，那也未免显得太天真。

与所有行政执法一样，允许税收执法拥有适度的自由裁量权，最为核心的目的就是保障实质公平。执法者一定要秉持实质公正理念，秉持执法良心，合理运用好自由裁量权，在严格遵守程序规则的同时，保障每一次执法、每一个案件的处理让行政执法相对人有实实在在的公平正义获得感。

当然，我们也必须反对不要程序正义，而只追求所谓实质公平。应该说，程序公平和实质公平是一种对立统一、相辅相成的辩证关系。"一碗水端平"这句老百姓的大俗话，其实也蕴含着实质公平和程序公平的内在统一。如何"端平"，这是程序公平问题；"一碗水"这是实质公平。也

---

[１]　侯明．从实质公平角度看新个人所得税法［Ｊ］．中国农业银行武汉培训学院学报，2012（06）：75-77.

就是说，既要有实实在在的"一碗水"，又要把"这碗水"端平，一视同仁，没有偏倚、偏心和偏差。[1] 亦如习近平总书记要求的"让人民群众在每一个案件中感受到公平正义"。"感受到公平正义"，即既要让人民群众获得实实在在的正义，同时实现正义的过程、方式也要人民群众可见可感可知。

为了落实实质公平，一方面要在立法上科学确定税率。以个人所得税为例。目前，采取不分行业、不分家庭实际整体收入的统一累进税率制，从形式上看起来似乎公平，但实质上是不公平的。如以影视明星、网络主播与科研工作者比较，都采用相同的累进税率制就难以体现实质公平。影视明星等，他们收入来得快；而科学家、教育家和其他科研教育文化工作者，他们投入高、见效慢，即使有效益，如目前两者采用一样累进税率是不科学、不公平的。这种统一的个人所得累进税率制，不仅导致税收上的缺乏实质公平，还对社会公众的价值观带来冲击，故一些年轻人以影视明星、网红主播为标杆，而不再把科学家、教育家等作为人生理想。

三、其他基本原则

（一）税收效率原则

税收效率原则是指税收活动应有利于经济效率提高，即以最小的费用，获取最大的税收收入；并利用税收的经济调控作用，最大限度地促进经济发展，或者最大限度地减轻对经济发展的妨碍。主要体现为 3 个方面：（1）提高税务行政效率，使征税费用最少；（2）对经济活动的干预最小，使税收的超额负担尽可能最小；（3）要有利于资源的最佳配置。

目前，中国的税收立法较为充分地体现了税收效率原则。《税收征收管理法》规定纳税人对税务处理决定不服必须先缴纳税款或提供有效担保才能申请复议。而复议又成为诉讼必经的前置条件。有关税收法律还规定，对税务机关作出的行政决定，税务部门可以自己强制执行或申请人民

---

〔1〕 王勇鹏. 论教育制度的公平构建［J］. 湖南社会科学，2012（06）：238-240.

法院强制执行。[1] 法律之所以赋予税务部门如此多的特别权力，就在于要体现税收的效率，以方便和保障政府高效征税。

（二）税收社会政策原则

税收社会政策原则是指税收制度的建设必须体现党和国家的财政、经济、政治和社会政策要求，必须以党和国家的经济政策为依据并服务于政策的原则体系。税收社会政策原则确立以后，税法的其他基本原则会受到一定程度的制约和影响。衡量税收公平，不仅要看各个纳税人的负担能力，还要考虑社会全局和整体利益。税收社会政策原则是中国税制建设的重要原则以及国家用以推行各种社会政策最重要的手段之一，其实质是税收调节职能的法律原则化。

从另一角度审视，遵循税收社会政策原则，有利于税收公平原则的实现，促进了社会企业的平等竞争，有助于企业以社会政策为基础健康发展，减少了税收差别及税收歧视行为的发生。

通常来说，国家为了支持科学、教育、文化、农业等特别行业或吸引外资等，往往会出台很多税收优惠政策或专门制定法律、行政法规，规定予以税收特别优惠政策。

比如，国家要特别鼓励社会力量举办教育，于 2016 年修改《民办教育促进法》及其实施条例，推进民办学校实行"非营利性和营利性"分类管理改革，大力鼓励和提倡社会力量兴办非营利性民办学校。国务院于 2016 年 12 月专门下发《国务院关于鼓励社会力量兴办教育促进民办教育健康发展的若干意见》（以下称"国发〔2016〕81 号意见"）。该意见还指出非营利性民办学校的一个重要特质就是"非营利性民办学校举办者不取得办学收益，办学结余全部用于办学"。因此，该意见提出"国家积极鼓励和大力支持社会力量举办非营利性民办学校。各级人民政府要完善制度政策，在政府补贴、政府购买服务、基金奖励、捐资激励、土地划拨、税费减免等方面对非营利性民办学校给予扶持"。就税收而言，对民办教育实施分类管理，关键是落实对非营利性民办学校的特别税收优惠政策。《民办教育促进法》及其实施条例和国务院"国发〔2016〕81 号意见"在

---

[1]　袁森庚. 税务行政执法理论与实务［M］. 北京：经济科学出版社，2008.

税收方面有十分具体而明确的规定和政策支持导向。《民办教育促进法》第 47 条和《民办教育促进法实施条例》第 54 条均规定："民办学校享受国家规定的税收优惠政策；其中，非营利性民办学校享受与公办学校同等的税收优惠政策。""国发〔2016〕81 号意见"特别强调落实税费优惠等激励政策，明确规定非营利性民办学校与公办学校享有同等待遇，"免征非营利性收入的企业所得税"。

（三）宪法原则

我国《宪法》第 56 条规定："中华人民共和国公民有依照法律纳税的义务。"这是税收法定原则的宪法根据。当然也有学者认为，我国《宪法》中的上述规定仅能说明公民的纳税义务要依据法律产生和履行，并未说明更重要的方面，即征税主体应依照法律的规定征税，因而该规定无法全面体现税收法定主义的精神。[1] 但本书认为，既然《宪法》已经规定了"中华人民共和国公民有依照法律纳税的义务"，依据"法无授权不可为"的公权行使基本规则，税务部门作为征税主体和公权行使者，就必须严格依照法律的规定行使职权，按照法律规定的税种、税率和法定程序进行征税。[2]

税收是将纳税人的合法财产无偿收归国家。现代国家为了维护其正常的运行需要通过征税来满足各项正当开支，而税收体现的是国家征税权与公民、法人和非法人组织财产权之间的冲突。在这个冲突当中，国家凭借其自身强大力量无疑是处于优势地位。如果不对政府的权力予以必要的限制，势必会对公民、法人和非法人组织的财产权带来侵害。从这个意义上说，税收法定原则，实质上是一个宪法性原则。《宪法》第 12 条和第 13 条分别规定"社会主义的公共财产神圣不可侵犯"和"公民的合法的私有财产不受侵犯"。故此，如要将公民、法人和其他组织的合法财产无偿收归国家，必须先由国家制定法律对征税作出具体规定。也就是必须有严格的税收实体法和程序法加以规范和制约。

（四）"法无授权不可为"原则

"法无授权不可为，法不禁止即自由"，本为西方法谚，源于十七八世

---

〔1〕 徐孟洲. 论税法原则及其功能〔J〕. 中国人民大学学报，2000（05）：87-94.
〔2〕 王玉辉，苗沛霖. 税收法定原则的宪法学思考〔J〕. 河南社会科学，2015，23（10）：35-40 + 123.

纪的西方，是卢梭《社会契约论》、孟德斯鸠《论法的精神》的相关表述与延伸。"法无授权不可为""法不禁止即可为"已经成为现代公权、私权行使的基本理念和现代法治社会通行的法律原则，亦为我国法学界和司法界普遍认同和坚信的原则。所谓"法无授权不可为"，是相对于公权力而言，没有法律授权原则上公权力不得行使；而相对于私权利行使而言，一般情况下，公民可以作出法律没有禁止性规定的行为。前一句针对国家公权力的行使，后一句则针对公民权利的保护。[1] 当然这是一般原则，亦有例外。如在特别情况下，虽然法律没有授权，如不行使某一公权，会给国家利益、社会公共利益和人民群众生命或财产造成重大损失；就私权利而言，虽然法律没有禁止性规定，但从事某种行为会严重违背公序良俗，或给国家利益、社会公共利益和他人权益造成重大损失，亦须承担法律责任或其他责任。这些均为公权行使和私权行使的例外情形。

对私权利来说，"法无禁止即自由"；对公权力来说，"法无授权即禁止"。作为一个公民，他不但可以大胆地运用自己的权利（法无禁止即自由），[2] 还可以勇敢地监督政府（法无授权即禁止）。对政府而言，不但要谨慎运用手中每一份权力（法无授权即禁止），还必须尊重公民每一份权利（法无禁止即自由）。

对于公权力的"法无授权即禁止"。需要强调的是，只有实现了公权力的"法无授权即禁止"，才能更好地实现私权利的"法无禁止即自由"。由于公权力掌握着强大的国家机器，如果不严格遵照"法无授权不可为"的基本规则，公权力就会滥用，会自觉不自觉地倾轧私权利。如果没有"法不禁止即可为"的基本理念，公民个人就不敢行使权利，也由于私权利相对弱势，因此也常常不敢伸张正义。

公民的生命权、财产权、受教育权、知情权都是"天赋"的、与生俱来不言而喻的合法权利。"法无禁止即自由"还有两个更为熟悉的表述话语——法无禁止即权利，法无禁止不处罚。

亚当·斯密说，每一个人，在他不违反正义的法律时，都应听其完全

〔1〕 张志军. 当代中国领导干部管理机制研究 [D]. 吉林大学，2006.
〔2〕 李建刚. 对"法无授权不可为"的认识 [J]. 大庆社会科学，2014 (06)：15-16.

自由，让他采用自己的方法，追求自己的利益。

　　税收执法是公权行使的一种。故此，任何税收执法都得有法律授权才可以进行，即有法律依据才可以进行税收执法。如果没有法律依据就对公民、法人和其他组织征税，则会构成对纳税人合法财产的非法侵占和剥夺。税收是将公民、法人和其他组织的合法财产无偿收归国有，故必须严格遵照税收法定原则，严格依照税收实体法和程序法的规定开展征税工作。

　　我国《宪法》第56条规定："中华人民共和国公民有依照法律纳税的义务。"依据"法无授权不可为"的公权行使基本规则，税务机关作为征税主体和公权行使者，就必须严格依照法律的规定行使职权，按照法律规定的税种、税率和法定程序进行征税。

　　《税收征收管理法》第3条。该条规定："税收的开征、停征以及减税、免税、退税、补税，依照法律的规定执行；法律授权国务院规定的，依照国务院制定的行政法规的规定执行。""任何机关、单位和个人不得违反法律、行政法规的规定，擅自作出税收开征、停征以及减税、免税、退税、补税和其他同税收法律、行政法规相抵触的决定。"

　　少数地方税务部门存在不依法征税的情况。以向"非营利性民办学校"征收学生学费、住宿费的企业所得税为例，税务执法人员不执行《民办教育促进法》第47条关于"非营利性民办学校享受与公办学校同等税收优惠政策"的明确规定，而适用"财税〔2008〕151号"和"财税〔2009〕122号"两个内部通知。而这两个内部规范性文件根本没有对"非营利性民办学校"学生学费、住宿费作出是否为"不征税收入"或"免税收入"的规定。税务执法人员的逻辑是：上级文件既然没有规定对"非营利性民办学校"是否要征收企业所得税，我们就要征收。

　　在这里，税务执法人员的逻辑恰恰是对"法无授权不可为"现代法治原则的违反。[1]

　　正确的逻辑是：只有法律、行政法规明确规定对"非营利性民办学校"学生学费、住宿费要征收企业所得税，税务部门才能征缴此税。税务

---

〔1〕　冯铁拴．非营利性民办学校享受同等税收优惠待遇的障碍与突破〔J〕．复旦教育论坛，2022，20（06）：32-39.

部门不能把上级的内部文件作为执法依据。何况，上级内部规范性文件根本没有规定"非营利性民办学校"学生的学费、住宿费是否要缴纳企业所得税。

从行政执法相对人的角度而言，依照《宪法》第 56 条关于"中华人民共和国公民有依照法律纳税的义务"的规定，公民（含法人和其他组织）纳税也是"依照法律纳税"，而不是依照财税主管部门的文件纳税。因此，非营利性民办学校有充分的法律依据和法理逻辑拒绝此种征税行为。

第 二 章

非营利性民办学校税收的理论阐释

　　阐释非营利性民办学校税收理论对于理解税收的作用及原则具有重要意义，对于判断非营利性民办学校是否享受税收优惠以及享受的程度是否适当具有积极作用。关于非营利性民办学校税收的理论阐释主要重点论证两个问题：第一，非营利性民办学校的性质是什么？第二，非营利性民办学校为什么有权享受税收优惠？结果表明：非营利性民办学校是非营利性法人，是非营利性组织，因在国家教育事业发展中做出巨大贡献而应获得国家的帮扶，或者说是补偿、激励。既然非营利性民办学校享有税收优惠具有正当性，那么就应当予以鼓励和支持。但在现实中，一些地方税务部门却剥夺了其税收优惠权利。审视可知，造成这种现象的原因是多方面的，有立法问题，也有税务部门执法问题，所以应当通过完善相关立法、落实税收法定主义等方案予以解决。

一、营利性组织与非营利性组织

　　"组织"并非法学术语，而是管理学术语。从管理学领域解释"组织"的概念有：广义的解释，是指由诸多要素按照一定方式相互联系起来的系统；狭义的解释，是指人们为实现一定的目标、任务等互相协作结合而成的集体或团体。"组织"的分类标准诸多，根据"是否具有营利性"可以分为"营利性组织和非营利性组织"。对标法学领域，我国法律以"组织"是否具有"法人资格"为标准将其分为"法人组织"和"非法人组织"，而两者的显著区别在于"是否具有民事权利资格"[1]，如《民法典》第 57 条规定"法人是具有民事权利能力和民事行为能力，依法独立享有民事权利和承担民事义务的组织"。可见，"组织"相较于"法人"而言是上位概念，囊括的范围更加广泛。本书讨论的主体是"非营利性民办学校"，是依法登记的、具有法人资格的组织，故而须在剔除"非法人组织"这一研究对象后，将营利性组织和非营利性组织对标"营利性法人"和"非营利性法人"法律概念进行讨论。[2]

（一）营利性组织的内涵

如开篇所讲，"营利性组织"对标的法律概念是"营利性法人"，要想理解"营利性组织"的法律内涵则应通过理解"营利性法人"的内涵来实现。《民法典》第 76 条规定，"以取得利润并分配给股东等出资人为目的成立的法人"为营利法人，并将其分为"有限责任公司、股份有限公司和其他企业法人"等类型。很明显，营利性法人是指股东、投资人等以"盈利和分利"为目的而成立的企业法人，股东和投资人有天然一致性的目标——"赚钱"和"分钱"。[3]

第一，出资人的主观目的是谋求尽可能多的利润。股东等出资人汇聚在一起成立有限责任公司、股份有限公司或者其他类型的企业，都带着"赚钱"的目的，而且这种"赚钱"目的比一般人更理性、更直接、更功利。当发起人发掘一个好的项目而想要成立公司时，他首先思考的是这个项目或这个公司能否赚钱？该怎么赚钱？经过调研和分析后，如果赚钱的概率很高，亏损的概率很低，他就会根据成本投入金额单独成立或寻求伙伴共同成立与之相适合的营利性法人。发起人依法成立并登记为营利性法人后，身份也就由发起人转变为创始人，而且大多数情况下会担任法定代表人或董监高等高级管理人员。当然不可否认的是，有些创始人基于其他因素的考量而不担任管理人员，但创始人无论是否对外显明其担任职务，都会采用一些方式或通过一些渠道参与到企业经营管理中，以合力帮助企

〔1〕　刘建银. 准营利性民办学校研究［M］. 北京：北京师范大学出版社，2010.
〔2〕　刘亮军. 非营利性民办高校办学风险防范研究［D］. 厦门大学，2021.
〔3〕　何周. 唐威. 谢宝朝. 利益的追逐与价值的维护：民办教育机构 IPO 案例全景解析［M］. 北京：法律出版社，2017.

业尽快、尽可能多的取得盈利，进而也保证自己的经济利益得到最快的、最大限度的实现。可见，出资人成立并经营营利性法人过程中始终有一个坚定的目的——谋求利润，这反映出营利性法人的特征之一——"营利性"。

第二，出资人的客观行为是分配尽可能多的利润。"营利"是一个动词，表达的是一种动态行为，而"盈利"是一个名词，表达的是一种静态结果。想"营利"不代表最终一定会"盈利"，但营利性法人的出资人会尽一切力量去追求盈利的结果，而且不仅是要"盈利"，还要"分利"。实践中，无论出资人是否担任职务，都会直接或间接地参与到企业经营管理中，通过开源节流、技术创新、业务拓展、战略转型等各种方式迎接市场红利中的机遇，应对市场洪流中的挑战。在机遇与挑战并存的市场中，出资人举办成立营利性法人的目的非常明确，就是要想尽一切办法盈利，而后再用尽一切办法分得更多的利润。进一步来讲，盈利只是第一步，毕竟"大河无水小河干"，只有营利性法人取得尽可能多的盈利，出资人才能从中分得更多的利润。当然，营利性法人的出资人除了扩大组织的盈利额度外，还会采用各种方式将盈利尽可能分到个人手中，这也是营利性组织的最特殊之处。

（二）非营利性组织的内涵

非营利性组织是与营利性组织相反的一种组织形式，但与营利性组织同理，非营利性组织也不是法学术语，对应的法学概念应是"非营利性法人"。关于非营利性法人的定义和范围，《民法典》第87条有明确的规定，定义是"为公益目的或者其他非营利目的成立，不向出资人、设立人或者会员分配所取得利润的法人，为非营利法人"，范围是"非营利法人包括事业单位、社会团体、基金会、社会服务机构等"。从字面看，非营利性组织相较于营利性组织仅是多一个"非"字，所有绝大多数人将非营利性组织解释为"不以营利"为目的的组织形式，或者将其对照营利性组织反向解释。实际上，这种解释方式的确通俗，也容易被人们理解和接受，但这种解释方式不够严谨，也比较片面。如上，本书研究的主体是"民办高校"，是法人组织，所以本书将非营利性组织也限缩至"非营利性法人"的范围内研究。

《民法典》第 87 条指出，非营利法人是为公益目的或者其他非营利目的成立的，不向出资人、设立人或者会员分配所取得利润的法人。看一个法人是否为非营利法人，取决于两个因素：一是成立目的为非营利性；二是投资人不分配利润。

第一，非营利性组织成立目的是非营利性。公益目的，是指法人所从事的活动属于社会公益事业。根据《公益事业捐赠法》的规定，公益事业是指非营利的下列事项：（1）救助灾害、救济贫困、扶助残疾人等困难的社会群体和个人的活动；（2）教育、科学、文化、卫生、体育事业；（3）环境保护、社会公共设施建设；（4）促进社会发展和进步的其他社会公共和福利事业。除了公益目的外，为其他非营利目的而成立的法人也属于非营利法人。如行业协会，是社会中介组织，它的产生和发展是社会分工和市场竞争日益加剧的结果，反映了同一行业的企业自我服务、自我协调、自我监督、自我保护的意识和要求。具体来说，行业协会的成立必须以同行业的企业为主体，建立在自愿原则的基础上。行业协会的成立以谋取和增进全体会员企业的共同利益为宗旨，不属于公益目的，但属于本条规定的其他非营利目的，也属于非营利法人。

第二，非营利性组织不分配利润。非营利法人也可以取得利润，但是不得向出资人、设立人或者会员分配所取得利润。这也是与这类法人设立的目的为非营利相一致的，因为出资人、设立人成立这类法人的目的本身不是为了赚钱，而是为了公益目的或者为会员服务,[1] 所以法人取得的利益是不能向出资人、设立人或者会员分配的。

（三）营利性组织与非营利性组织间的边界

营利性组织与非营利性组织均属于组织的子类型，只是两者的成立目的、社会作用不同而已，但两者均是我国社会主义市场经济的重要组成部分，有着密切的联系，可以通过合力协作、资源共享等方式形成较好的战略联盟，发挥组织的社会责任，共同推动社会可持续发展。《民法典》总则编第三章第 76 条和第 87 条以"法人的成立目的和利润走向"为特征界限规定了"营利性法人"和"非营利性法人"；前者的成立目的是"取得

---

[1] 许建标.我国公益慈善类组织的概念厘清与税收激励政策完善［J］.经济界，2023（05）：3-8.

利润"，后者的成立目的是"为公益目的或者其他非营利目的"；前者的利润走向是"取得利润后要分配给股东等出资人"，后者则"不得向出资人、设立人或者会员分配所取得利润"。可见，那些简单以"是否以营利为目的"认识、理解和区分两者的观点是错误的，进而极易误解针对两者的不同制度安排。因此，我们有必要在理解营利性组织和非营利性组织的内涵的基础上，厘清两者的边界，进而为充分认识非营利性组织享有税收优惠的正当性奠定根基。

首先从两者内涵看，营利性组织和非营利性组织的成立目的和利润走向是截然不同的，这也是两者的边界所在。如果成立目的是公益，那么大概率是非营利性组织；反之则必然是营利性组织。为什么说大概率是非营利性组织而非必然？这是因为有些组织成立之初是为了公益，但实际运行过程中却存在异化，背离原有之初衷，更有甚者是打着公益之"旗号"实则为了盈利和分利，所以还需要通过"利润走向"判断其组织性质。如果利润走向是直接或间接流到出资人口袋里，则肯定是营利性组织；如果利润并未分配或变相分配给出资人，则可以判定其为非营利性组织。由此，是否盈利不是两者的边界，真正的边界是成立目的和利润走向，而且利润走向是最显著的边界。

其次从两者的类型看，营利性组织与非营利性组织的类型有着明显的区分。营利性组织主要是有限责任公司、股份有限公司等企业。根据《公司法》的规定，有限责任公司是指由 50 个以下的股东出资设立，每个股东以其所认缴的出资额对公司承担有限责任，公司以其全部资产对其债务承担责任的经济组织，包括国有独资公司及其他有限责任公司。股份有限公司是指公司资本由股份所组成的公司，股东以其认购的股份为限对公司承担责任的企业法人。除了有限责任公司、股份有限公司，营利法人还包括其他企业法人等。根据法律的规定，这些企业主要是有全民所有制企业、集体所有制企业、联营企业、在中华人民共和国境内设立的中外合资经营企业、中外合作经营企业和外资企业、私营企业、依法需要办理企业法人登记的其他企业。非营利性组织主要是事业单位、社会团体、基金会、社会服务机构等。事业单位是指由政府利用国有资产设立的，从事教育、科技、文化、卫生等活动的社会服务组织；社会团体是指中国公民自愿组成，为实现会员共同意愿，按照其章程开展活动的非营利性社会组织，包括行业协会，以及科技、文化、艺术、慈善事业等社会群众团体；基金会是指利用自然人、法人或者其他组织捐赠的财产，以从事公益事业为目的，依法成立的非营利性法人；社会服务机构，也称为民办非企业单位，是指自然人、法人或者其他组织为了提供社会服务，利用非国有资产设立的非营利性法人，如民办非营利学校、民办非营利医院等。[1]

　　最后需要说明的是，营利性组织承担社会责任并不能掩盖其营利的本质。有人就会提出质疑：既然营利性组织主要是营利、盈利而后分利，那么为什么有诸多营利性组织开展捐款、资助、公益服务等事务呢？这是否意味着以"营利"之逐利性定义营利性组织是错误的？本书认为，这些人的质疑是狭隘的，至少是片面地理解我国营利性组织的特殊性，同时也未理解营利性组织承担社会责任的原理。一方面，我国营利性组织是经过社会主义改造的非公有制经济，属于社会主义市场经济重要的组成部分，本质上是消灭剥削后的一种劳动群众集体经济，这点是完全不同于西方资本主义私有经济的。提出质疑的这些人大概率是以西方资本主义的营利性组织来理解我国的营利性组织，逻辑出发点就是错误的，得出的结论必然也是错误的。我国营利性组织作为一种集体经济，必然应"取之于民，回馈于民"，所以承担社会责任是我国营利性组织本质的外在实践表现。另一方面，营利性组织出资人投身于公益事业是为了获得更多的盈利。出资人通过开展各类公益事务，特别是那些上"热搜"的公益事务，可以帮助营利性组织获得良好的品牌形象，也能够被更多的人知悉和认可，这为组织的业务开拓带来诸多好处，而且创造的利润可能远超过从事公益事务的成本投入。故而理性地讲，营利性组织承担社会责任的更多目的是获得更多收益，并不能以此否认营利性组织的营利性，这点不是区分两者的边界。

二、非营利性民办学校的法律地位

　　法律地位作为一种人格属性，是法律关系主体的权利和义务的实际关

---

[1]　郭文杰. 论我国股权众筹的法律规制［D］. 河北经贸大学，2020.

系状态，[1] 主要是指某一组织或个人在法律上所拥有的地位，这种地位附带地决定该组织或个人应有的权利和应负的义务。[2] 不难理解，不同性质、不同身份、不同位置决定着其地位不同，地位差异也决定其具有某些特定的权利。需要说明的是，这些特定的权利并非特权，而是为了更好地履行义务而赋予匹配的权利，所以有时也规定其应当负担的特定义务，毕竟无论何人、何地、何时，权利和义务应是对等的。国务院于 2016 年颁布的《国务院关于鼓励社会力量兴办教育促进民办教育健康发展的若干意见》将民办学校分类为营利性民办学校和非营利性民办学校。

《民办教育促进法》第 5 条规定民办学校的法律地位与公办学校同等，同等解释为相同或一样，因此非营利性民办学校享有和履行与公办学校相同的权利和义务，具有一样的法律地位。

（一）非营利性民办学校属于非营利性组织

国家以"禁止分配原则"为依据，将民办学校分为营利性和非营利性并实行分类管理，并分别赋予不同的权利和义务。[3] 根据《民办教育促进法》第 19 条和《国务院关于鼓励社会力量兴办教育促进民办教育健康发展的若干意见》第 3 条之规定，营利性民办学校和非营利性民办学校的区别主要有两点：一是是否可以取得办学收益？二是办学结余是否可以分配？前者可以取得办学收益，办学结余按照《公司法》等政策法令分配；后者不可以取得办学收益，办学结余全部用于办学，不得分配或变相分配给举办者、投资人等。[4] 收益分为"收"和"益"，"收"是指商业或生产上取得的收入，"益"是指商业或生产上取得利益或利润，那么办学收益就是指学校办学过程中取得的利润。结余分为"结"和"余"，"结"是指结算，是一种计算成本和收入比例关系的过程，"余"是指成本—收入结算后的余额，那么办学结余则是指，学校办学过程中的剩余利润。因此，从政策法令文义可以将非营利性民办学校界定为"以举办者不要求取

---

〔1〕　邹瑜，顾明. 法学大辞典［M］. 北京：中国政法大学出版社，1991：1040.

〔2〕　戴维·M. 沃克. 牛津法律大辞典［M］. 李双元，译. 北京：光明日报出版社，1988：385.

〔3〕　方建锋. 完善相关政策法规　促进民办教育发展——全国人大教科文卫委员会考察上海《民办教育促进法》实施情况座谈会综述［J］. 教育发展研究，2006（18）：82-85.

〔4〕　杨东平. 民办教育的善治——引导而不是禁止［J］. 当代教育家，2016（11）：75.

得办学收益，办学结余全部用于学校办学，且举办者投入以及办学积累形成的财产所有权归属学校法人所有的民办学校"。[1]

实际上，非营利性民办学校的概念中蕴含的内涵十分明确。第一，举办者、投资人成立非营利性民办学校是为了给广大人民提供教育和公益服务，努力让每位公民的受教育权得以落地实现，为我国的教育事业繁荣发展贡献力量，绝非是追求经济利益。第二，举办者、投资者办学过程中应注意提升办学效益，年度结算后可能存在利润结余，但这些利润并不分配给举办者、投资者等组织或个人，而是全部用于学校办学环境改善、办学质量提升等学校发展。第三，学校长久办学过程中形成的财产积累，包括但不限于固定资产、有形资产、无形资产等，所有权全部属于学校，与举办者、投资者等并无产权关系。另外，根据2016年教育部等部门联发的《民办学校分类登记实施细则》第7条规定，非营利性民办学校依法符合相应条件的，可分别登记为民办非企业单位或事业单位。事业单位很好理解，就是国家机关或利用国有资产的组织为实现公益服务投资举办的社会服务组织，属于法人组织。那么民办非企业单位是什么呢？从字面意思理解，首先，举办主体应是利用非国有资产的组织或个人；其次，单位性质不属于有限责任公司、股份公司、合伙企业等。根据1998年国务院颁布且现行有效的行政法规之《民办非企业单位登记管理暂行条例》第2条规定，民办非企业单位是指企业事业单位、社会团体和其他社会力量以及公民个人利用非国有资产举办的，从事非营利性社会服务活动的社会组织。同时，该法第4条又规定"民办非企业单位不得从事营利性经营活动"。

综上所述，关于非营利性民办学校的性质，有理有据，十分明确，几无争议。从法律性质讲，非营利性民办学校属于非营利性法人，因为它在内涵上满足非营利性法人公益目的、不分配利润的特点，在类型上属于法定的社会服务机构。从组织性质讲，非营利性民办学校属于非营利性组织。非营利性组织分为非营利性法人组织和非法人组织，非营利性民办学校无论是登记为民办非企业单位，抑或是事业单位，均属于非营利性法

[1]　刘珍. 营利性民办学校制度建设的探索——以温州民办教育改革为例 [J]. 中国教育学刊，2015（12）：75-80.

人，既然非营利性法人作为非营利性组织的子类型，那么非营利性民办学校当然属于非营利性组织。[1]

（二）非营利性民办学校是推动国家教育事业繁荣发展的重要组成部分

"教育兴则国家兴，教育强则国家强"说的是教育对于国家富强、兴旺、长久的重要性。[2]《宪法》第 46 条规定了国家支持公民受教育的权利和义务的实现和履行，《教育法》在遵循《宪法》精神的前提下明确了国家发展社会主义教育事业，保障教育事业优先发展的义务。事实上，自新中国成立以来，我国高度重视教育事业，立足于我国基本国情和教育发展实际，千方百计地将我国教育事业发展得更加完备、更加公平、更加优质。2021 年联合国教科文组织统计的全球成人文盲就有 7.7 亿余人，而不完全统计的全球不识字的人数高达 20 亿人，但根据国家统计局人口受教育情况统计，截至 2020 年 11 月 1 日，我国文盲剩余 3775 万人，仅占比全球约 1.89%，且这些文盲多为历史遗留原因导致的，同时这一数字还在不断下降。这说明在党和国家的领导下，我国教育事业蒸蒸日上，取得卓越成效，形成中国经验。为什么在新中国成立时间相对较晚、人口占比位居前列的中国可以取得如此显著成绩？很显然，这应当归功于党和国家所构建成的公办学校与民办学校相互促进、共同发展的教育格局，以民办学校分流了公办学校教育资源不足的困境，提升了我国教育的承受力。

据教育部 2022 年统计，全国民办学校有 17.83 万所，占比全国总数 34.37%，这还不包括一些教育培训机构或注册为非教育性的机构以及未注册的教育培训机构，如果算上，那就更多了。可见，民办学校为我国教育事业的发展贡献很大。毫不夸张地讲，如果没有这些心怀爱国之心、公益之心、教育之心的投资举办者投身于民办教育事业，我国教育事业较难达到如此程度的快速发展。当然，本书并非绝对地认为没有民办教育，我国就无法取得当前教育成效，只是没有他们的奉献，国家需要付出更多的财力、物力、人力，承担更多的教育义务。本书认为，无论民办学校是否

---

[1]　朱子平. 民办非企业单位出资人法律激励制度的构建 [J]. 经济法论坛，2022，29（02）：216-234.

[2]　《求是》杂志发表习近平总书记重要文章　《扎实推动教育强国建设》[J]. 社会主义论坛，2023（09）：2.

营利，其本意都是为了教育，且客观上也确实促进了教育事业发展，这个客观事实在《国务院关于鼓励社会力量兴办教育促进民办教育健康发展的若干意见》可以得到佐证。[1] 进一步讲，即使举办者投资成立营利性民办学校可能有一定赚钱的目的，但非营利性民办学校的举办者并不能分配利润，只能不断用于学校办学发展，办更好的教育，对于非营利性民办学校投资举办者而言，那些反驳者和抨击者的观点是完全站不住脚的。[2] 因此，非营利性民办学校代为履行了本应公办学校承担的教育义务，促进了我国教育事业的发展，已然成为推动国家教育事业繁荣发展的重要组成部分。

（三）非营利性民办学校应获国家扶持

如上所述，民办学校实际上代公办学校履行了其本应承担的公民教育义务，而且也确实很大程度上完成了公民教育义务，为我国教育事业发展做出实打实的贡献。通常情况下，权利与义务应当是对等的，因为义务的履行需要有相应的权利保障，只有拥有相应权限，并依法积极行使这样的权限，才能保证义务得以持续履行。如此一来，如果按照权利义务对等理论审视民办学校的权责，民办学校应当获得国家扶持。这是因为，教育义务并非私有财产投资者的法定义务，这些投资者出资举办民办学校是抱有为社会服务的心态做的，并不是打着"教育旗号"去肆意谋利。当然本书不否认营利性民办学校确实在办学过程中有钱可赚，可能事实上也赚到了钱，但相较于投资其他产业而言，举办民办学校产生的社会效益远远大于经济效益。况且，国家政策法令明文要求非营利性民办学校的投资者是不能分配办学结余的，投资者举办非营利性民办学校在主观上是实实在在地为了教育、为了公益，[3] 在客观上是响应国家号召，替国家分忧解难，推动实现国家教育事业繁荣发展。

---

〔1〕 改革开放以来，作为社会力量兴办教育主要形式的民办教育不断发展壮大，形成了从学前教育到高等教育、从学历教育到非学历教育，层次类型多样、充满生机活力的发展局面，有效增加了教育服务供给，为推动教育现代化、促进经济社会发展做出了积极贡献，已经成为社会主义教育事业的重要组成部分。

〔2〕 宁本涛. 论民办学校的范畴和性质［J］. 教育理论与实践，2002（10）：21-25.

〔3〕 张保华. 营利性民办学校的合法性困境及其化解——也谈民办学校分类管理问题［J］. 中国高教研究，2012（05）：24-28.

　　我国传统文化思想讲究"有劳有得，多劳多得"，换言之，民办学校代公办学校履行了教育义务，那么国家也应当给予民办学校一些待遇。所以，国家理应给民办学校一些扶持、补偿等。正所谓"劳者有其得，政者有其为"，说的是劳动的人付出辛勤劳动应当有所回报，当政之人进行治理应当有所作为。对于民办学校而言，民办学校投资者因拿出大量资金，呕心沥血经营，承担各类压力和风险而应有所回报。如果说营利性民办学校投资者通过利润分红取得金钱回报，那么非营利性民办学校投资者获得了什么回报呢？有的只是慈善之名，而且这种慈善之名还可能因老百姓的误解而丧失。试想，这些投资者要利无利可图，要名无名可得，那还有什么积极性去承担教育责任、履行教育义务呢？答案是积极性降低，甚至没有。那么应该怎么办？答案是国家应当通过给予扶持让他们享有与公办学校同等的待遇，让他们感受到国家关心所带来的幸福感。所幸的是，党和国家始终"奖罚分明"，当看到民办学校的辛勤付出时，表达出了充分的关注和关照，颁布系列政策法令要求在财政、税收、土地、收费等方面给予一定的扶持。同时，相较于营利性民办学校，国家对非营利性民办学校给予了"差别化扶持"，政策的支持力度更大，当然这也是理所应当的，是公平公正的体现，毕竟非营利性民办学校付出的更多。[1]

三、非营利性民办学校的税收优惠权利

　　税收优惠并非严格意义上的法学术语，应归属于会计学术语，但具体概念界定还存在诸多争议，未形成学界共识。[2] 虽然学界未达成学术共识，但是对于人民大众而言较为通俗易懂，系组合型术语。按照词组拆分解释，税收优惠可以分为"税收"和"优惠"。所谓税收，是指国家凭借政治权力对特定对象强制性无偿取得财政收入所形成的特殊分配关系。我国的税收不同于历史上或同时期其他国家的税收，在组织财政收入、资源配置、调节供需关系和经济结构等方面具有积极作用，本质上属于社会主

〔1〕　《关于进一步鼓励社会力量兴办教育促进我市民办教育高质量发展的实施意见》政策解读［J］.
　　　　宁波市人民政府公报，2019（24）：54-56.
〔2〕　邓伟.税收优惠的理论解析及其法治化路径［J］.税务与经济，2023（01）：17-26.

义性质的"人民税收"[1]，即"取之于民，用之于民"的社会主义分配关系；所谓优惠，是指较一般优厚；那么税收优惠则是指，国家基于一定的原因在一定的时期对特定纳税对象给予的较一般优厚的税收照顾或税收激励措施。本质上，税收优惠是国家给予纳税人的税收利益，通过这种利益直接或间接地引导其在社会经济活动中的正向行为。[2] 就非营利性民办学校而言，因其享有财政投入的公共基础设施和公共环境而为法定纳税人，依法纳税是其法定义务，但又因其承担较一般纳税人的国家义务和社会责任而应获差别于一般纳税人的优惠，享有税收优惠的权利。

（一）实行税收优惠的逻辑理路

生活于社会之中的人们，纳税是一种法定义务，也是一种道德义务。如果人们都不交税，那么作为公共利益代表的国家就没有财政收入，没有财政收入的国家就无力为人们提供公共服务，没有公共服务的社会将是混乱无序的社会。正如富兰克林的经典谚语"世上唯有死亡和税收不可避免"，没有税收的人类社会将与动物世界没有太大区别，在这种社会环境下，没有人处理公共事务，没有警察维护治安，没有医院治疗疾病，没有……。而当人类社会出现国家形态后，就意味着人类进入一个新的文明，在这个文明中，国家承担着公共服务的职能，以税收方式丰富国家财政，以财政支持着社会的正常运转；反之无政府主义只是一种乌托邦式幻想。

按理讲，作为财政职能的税收应当是标准统一、数量最低的，而实行税收优惠则背离这样的标准，这是否意味着税收优惠是不公平、不合理的存在？当然不是！的确，按照古典税收中性理论，税收只是筹集财政资金的渠道，只有公共服务职能，没有宏观调控职能，在此基础上形成的税赋应当是平等、确定、便利、高效之观点。[3] 然而这种税收设想在动态且复杂的社会关系中是一种理想的存在，社会在运行过程中受人的因素、自然环境的因素以及经济发展规律的影响并非固定不变，与之相应的税收也应

〔1〕 邓力平.中国特色"人民税收"理念新论〔J〕.东南学术，2020（04）：126-135＋247.
〔2〕 吕来明，刘娜.非营利组织经营活动的法律调整〔J〕.环球法律评论，2005（06）：730-736.
〔3〕 〔英〕亚当·斯密.国民财富的性质和原因的研究：下卷〔M〕.郭大力，王亚南.北京：商务印书馆，1974：86.

当是动态的、有区别的，以公共服务为唯一职能的税收显然无法满足动态社会需求，亟须扩展税收的职能，让税收承担起调节资源配置、调控经济运行的职能。[1] 自此，税收中性理论因经济社会转变而得到进一步拓展和丰富，由绝对中性转变为相对中性，衍生出的税收调控作为一种税收干预市场机制也不再是对税收正义的违背，而是在某种程度上与税收中性相辅相成，互为一致，[2] 共同促进经济社会的公平和有序。

如果经济社会均衡发展，税收调控应当实行标准税负，但现实是骨感的，经济社会发展不均衡性是客观事实，如产业发展的不均衡、[3] 区域发展的不均衡、[4] 收入分配的不均衡等。[5] 因此，面对经济社会发展过程中的诸多不均衡表现，需要驱使税收应有所倾斜来予以缓解，此时税收优惠应运而生，与标准税负构成一对战略联盟，成为缓解病痛的"良药"。具体策略例如，国家遵循"直接少取，间接多予"的逻辑，给予发展弱势者、分配较少者、公共利益者、高新科技者税收优惠鼓励和扶持，赋予其税收优惠权利，直接或间接地帮助他们发展，让他们感受到公平。[6]

总之，税收优惠是经济发展不均衡之客观现实下的产物，有着客观的现实基础，实行税收优惠就是为了缓解和消除这样的不均衡问题。这就是实行税收优惠的逻辑所在，也是正当性理据所在。

（二）非营利性民办学校享受税收优惠的正当性理据

虽然税收优惠是国家干预经济社会发展的重要手段之一，但是也不能否认其是国家对某些纳税主体缴纳税款的特殊待遇。[7] 类似于免税、减税等影响较大的税收优惠举措应当审慎对待和使用；如果肆意滥用，将大概

〔1〕 曹胜亮. 税收优惠制度的法理机理与建构路径——以企业所得税优惠制度为视角 ［J］. 湖北行政学院学报，2015（04）：86-90.

〔2〕 刘大洪，张剑辉. 税收中性与税收调控的经济法思考 ［J］. 中南财经政法大学学报，2002（04）：94-99＋144.

〔3〕 植草益. 微观规制经济学 ［M］. 朱绍文，胡欣欣，等，译. 北京：中国发展出版社，1992：6-7.

〔4〕 财政部部长谈财税体制改革，原则上不再出台新的区域税收优惠政策 ［N］. 京华时报，2013-11-23.

〔5〕 斯蒂格利茨，周建军，张晔. 不平等与经济增长 ［J］. 经济社会体制比较，2017（01）：46-61＋70.

〔6〕 邓伟. 税收优惠的理论解析及其法治化路径 ［J］. 税务与经济，2023（01）：17-26.

〔7〕 刘汉霞. 我国非营利组织营利活动的税收优惠问题 ［J］. 税务研究，2014（03）：73-76.

率违背量能原则，异化税基，破坏税收公平和税收正义；[1] 如果限制运用，将大概率不利于经济社会发展，难以实现宏观调控目标效果；所以认真审查纳税主体享受税收优惠的正当性就尤为重要，对于具有正当性理据的纳税主体应当切实赋予其税收优惠权利，落实其税收优惠待遇。关于税收优惠正当性的判断标准，上海交通大学凯原法学院李俊明教授总结得较为全面且合理，主要有三点：一是须有助于公共利益；二是须符合比例原则；三是须符合平等原则。[2]

现以该三个判断标准检视非营利性民办学校享受税收优惠的正当性，可以得出肯定的结论，理据如下。

第一，非营利性民办学校代行了国家教育义务，致力于教育公益事业发展，有助于公共利益。古罗马著名法学家乌尔比安的《学说汇纂》将利益分为私人利益和国家利益，因为国家、社会、集体、个人是共生共长的关系，所以这里的国家利益泛指公共利益。[3] 公共利益的概念因较为抽象而难以界定，我国《宪法》《民法典》等规范性法律文件有诸多"公共利益"文本，但均未给出确定的定义。关于公共利益的概念，各国各代的思想先驱、专家学者等的学术探讨中形成了诸多学说，[4] 其中较有代表性的概念解读有：英国边沁的公民全体利益说[5]；德国阿尔弗雷德的私人利益总和说；美国博登海默的目的性价值说[6]；英国哈耶克的抽象的秩序说等[7]，但是本书认为公共利益的确是一种较为抽象的秩序，只要符合公益目的和公益事业，那么维护或者得到的利益就是公共利益，而且公共利益只能概括式列举，不能肯定式界定。非营利性民办学校的成立目的是公益，是为了国家义务的履行；做的事是教育事业，涉及国民教育的公共事

---

[1] 葛克昌. 税法基本问题（财政宪法篇）[M]. 北京：北京大学出版社，2004：200。

[2] 李俊明. 税收优惠制度的价值与法理分析 [J]. Finance and Tax Law Review, 2013, 13 (00)：352-369.

[3] 霍海燕. 试析国家、集体、个人三者之间的利益关系 [J]. 黄河科技大学学报，1999 (02)：18-21.

[4] 余少祥. 什么是公共利益——西方法哲学中公共利益概念解析 [J]. 江淮论坛，2010 (02)：87-98.

[5] [英] 边沁：《道德与立法原理导论》[M]. 时殷红译. 北京：商务印书馆，2000：58.

[6] [美] 博登海默：《法理学》[M]. 邓正来译. 北京：华夏出版社，1987：141.

[7] [英] 哈耶克：《经济、科学与政治》[M]. 冯克利译. 南京：江苏人民出版社，2000：393.

业，所以给予其税收优惠有助于公共利益。

　　第二，非营利性民办学校享受的税收优惠比例适当。比例恰当合理就是正义的，比例失衡就是不正义的。[1] 比例原则在法治国家被普遍承认是依法治理的根本，被法学界称为公法的"帝王条款"。比例原则较通俗的理解是"焉用大炮打蚊子"，可分为必要性、妥当性、狭义比例三个子原则，其中必要性原则又称最少侵害原则、不可替代原则，指的是应当选择对人民权利损害最小的方式；妥当性原则，是指采取的措施应当能够达成管理目标或是至少有助于达成该目标，手段和措施应当是正确的，目标应当符合公共利益；狭义比例原则，是指即使采用的措施是对人民权利侵害最小的还不够，还应当在采用该方式给人民造成的损害与社会可得利益达成平衡。就税收优惠的比例原则而言，要求税收优惠应当有效实现政策目的，实现宏观调控效果，而且这种效果应当尽可能大于税收优惠导致的弊端。当前，《民办教育促进法》第47条给予"非营利性民办学校享受与公办学校同等的税收优惠政策"，这是合乎比例原则的，因为无论是公办学校还是非营利性民办学校，均是为了国家教育事业做贡献，只是出资主体不同而已。给予非营利性民办学校同等税收优惠，还可以有效激励私有资本投身于教育事业，履行公益性社会责任。

　　第三，非营利性民办学校与公办学校税收待遇同等，符合平等原则。平等原则是民事基本原则之一，《民法典》第207条在基本法层面第一次规定了平等保护原则，是我国立法理念的重大创新，由平等体现出公平，进而体现出正义。平等原则主要包括三点：主体法律地位平等、内容平等、权利保护平等。我们看到与公办学校的同等税收优惠主体，《民办教育促进法》将营利性民办学校排除在外，这就是对平等原则的具体运用。换言之，非营利性民办学校与公办学校对比，主体法律地位是一样的，均是非营利性法人；义务内容是一致的，均是为了教育事业；所以两者享有的权利也应当是平等的，这里面就包括税收优惠权利。

　　除以上三个方面的理据外，非营利性民办学校享有税收优惠的正当性还体现国家对非营利性民办学校的尊重和补偿。在我国教育事业发展的过

---

〔1〕［爱尔兰］J. M. 凯利：《西方法律思想简史》［M］. 王笑红译. 北京：法律出版社，2002：26.

去几十年里，非营利性民办学校付出了很多、承担了很多，当然也取得了很多成绩。对于非营利性民办学校的付出与贡献，国家应当认识到，事实上也确实认识到了，所以给予其很多方面、很大力度扶持，这其中就有税收减免等税收优惠扶持。实际上，税收优惠就是国家以实际行动表达出对非营利性民办学校在国家教育事业发展过程中所做贡献的尊重和补偿。而后以这样尊重和补偿激励着非营利性民办学校为党育人、为国育才的积极性和主动性。

（三）非营利性民办学校税收优惠权利的实现

尽管国家以《民办教育促进法》赋予非营利性民办学校与公办学校的同等的税收优惠权利，但是实际实施过程中并未得到实现，而是被财税主管部门通过颁布效力较低，甚至无效或违法的规范性政策文件予以剥夺。以住宿费、学费收入为例，公办学校住宿费、学费等收入属于不征税收入，那么适用"同等税收优惠"的法律规定，非营利性民办学校的住宿费、学费也应当为不征税收入。然而，税务部门却以"公办学校按规定收取学费、住宿费后实行'收支两条线'管理，属于行政事业性收费，在税收上属于不征税收入，即在取得收入的当年不征税，但支出时也不得税前扣除；民办学校取得的学费、住宿费收入未纳入财政管理，不属于不征税收入"的理由否定了非营利性民办学校的税收优惠权，属于未区分营利性民办学校和非营利性民办学校，无视法律规定的恶意侵害行为。退一步讲，即使非营利性民办学校的学费、住宿费收入不符合不征税收入的形式要件，但也要遵循上位法"同等税收优惠"的规定，将其归类为免税收入，不管是不征税收入，还是免税收入，最终的实体结果均是不交税，也做到了所谓的"同等"。但遗憾的是，财税主管部门并未理解法律本意，颁布诸如《财政部、国家税务总局关于非营利组织企业所得税免税收入问题的通知》《财政部、国家税务总局关于非营利组织免税资格认定管理有关问题的通知》等效力较低、甚至无效的规范性政策文件，或者连规范性政策文件都称不上的内部通知，限制非营利性民办学校税收优惠权利的实现。

很明显，非营利性民办学校税收优惠权利"有名无实"，像一张美味可口的"烧饼"，让人兴奋、让人向往，但是却设置诸多障碍，让人怎么都吃不到。为什么会出现这样的困境？我们还以"非营利性民办学校的学费、住宿费收入是否享有税收优惠"为检视对象进行分析，本书认为有三方面原因：第一，非营利性学校税收优惠的法律制度不完善。[1] 关于"非营利性民办学校的学费、住宿费收入税收问题"现行有效的规定有三个层级：以《民办教育促进法》第 47 条、《企业所得税法》第 26 条的法律层级；以前法配套的《实施条例》的行政法规层级；以财税主管部门颁布的政策性文件层级。从法律层级看，只规定了"同等税收优惠""符合条件非营利性组织的收入为免税收入"；从行政法规层级看，对符合条件的非营利性组织进行部分规定；从政策文件看，财政部门颁布诸多政策文件，且文件还是对法律法规的违背，对法本意的错误理解制定而成的。综上所述，关于非营利性民办学校税收优惠的法律制度存在层级较低、法条冲突等问题。第二，财税主管部门对非营利性民办学校税收优惠规定认识不足。[2] 从财税主管部门所颁布的诸多繁杂政策文件就可以看出，财税主管部门对非营利性民办学校享受税收优惠的认识是不清楚的，甚至是背道而行的，这种认识不足体现为对非营利性民办学校是非营利性组织的属性认识不足，对非营利性民办学校的学费、住宿费不征税或免税的认识不足，表达为颁布政策文件要求非营利性民办学校办理免税资格认定，否则不享有免税权利，而且免税资格认定的条件较上位法而言更加严苛、范围更小。第三，非营利性民办学校税收优惠权利救济渠道不畅。[3] 根据《税收征收管理法》第 88 条规定，纳税人与税务机关发生税务争议的，应先提供纳税担保才能申请行政复议，而且复议前置，未经行政复议不得提起诉讼，这就给非营利性民办学校税务维权设置多重壁垒。一方面，当纳税人对税务部门的处理决定不服时，必须向其提供金钱或财产性质担保，这意味着还未归责就将责任默认为是纳税人的，让纳税人承担经济负担。另一方面，复议前置阻断了纳税人诉权选择权，增添纳税人维权时间成

---

〔1〕 王霞．税收优惠法律制度研究——以法律的规范性及正当性为视角〔M〕．北京：法律出版社，2012：27-42.
〔2〕 叶金育，顾德瑞．税收优惠的规范审查与实施评估——以比例原则为分析工具〔J〕．现代法学，2013，（6）：171-183.
〔3〕 马胜利．非营利组织税收优惠法律制度研究〔D〕．湘潭大学，2011.

本。另外，行政复议因复议机构的独立性问题而引发的弊端越发凸显，[1]而法院对行政复议案件多秉持抽象性审查原则，纳税人的权利诉求实现概率大大降低。[2]

税收优惠作为一种鼓励性优惠，是国家以低于标准税收的待遇扶持、引导、促进特定的活动，赋予非营利性民办学校税收优惠权利的作用不言而喻。但或基于顶层设计原因，抑或基于财税主管部门法律与政策执行原因，非营利性民办学校的税收优惠权被虚置，这将会阻碍国家教育事业的进一步发展。为此，只有提出有针对性的解决方案，才能保障非营利性民办学校税收优惠权利可以真正实现。第一，加强非营利性民办学校税收优惠的立法进程。对于非营利性民办学校税收优惠规范层级效力低、内容残缺、政策文件繁多的问题，首先是要对《民办教育促进法》和《企业所得税法》进行修改，明确规定同等税收优惠的法律内涵和非营利性组织免税收入范围以及不征税范围；即使不对法律进行修改，也应当在配套的实施条例中予以细化。其次是要清理财税主管部门颁布的政策性文件，特别是与规范性法律文件和上位法冲突的文件。最后还有注意限制财税主管部门发文权限，对于涉及非营利性民办学校税收实体权利义务的文件，应当人大立法颁布，而不是让财税主管部门"既当运动员又当裁判员"，随意发文作为依据执法。第二，夯实税收法定主义。财税部门对国家税收优惠战略以及税收优惠法规的认识存在片面性，或者说财税部门是有充分认识的，但基于某些利益考量，在执行时"明知而有意为之"，对于财税部门，特别是税务部门滥用职权行为，只有严格落实税收法定，才能有效化解。具体讲：税务部门必须适用"规范性法律文件"对非营利性民办学校进行税务执法，不得使用政策文件，特别是自己颁布的政策文件。如果立法存在空白，税务部门应当按照最有利于纳税人的原则理解适用，毕竟对私人而言"法无禁止即自由"，对行政机关而言"法无明文不可为"。如果对法律文件的意思拿不准，也可以组织听证会、专家论证会，或请求最高人民法院解读，而不能随意发文解读。第三，建立非营利性民办

---

〔1〕 杨团.非营利机构评估——上海罗山市民会馆个案研究 [M].北京：华夏出版社，2001：48.

〔2〕 马胜利.非营利组织税收优惠法律制度研究 [D].湘潭大学，2011.

学校税收优惠权利保障机制。除了完善和丰富非营利性民办学校税收优惠的实体权利外，还应当注重对其程序权利的保障。针对救济渠道不畅的问题，应当修正复议前置的强制性规定，赋予纳税人诉权选择权；即使复议前置修法困难，也至少应当取消复议担保的规定，减少纳税人维权经济负担。另外，税务部门作出行政复议决定的，必须组织听证会，且听证会应当公开透明，人员应当合理。

第 三 章

非营利性民办学校税收法律与政策的适用规则

税收制度关系到我国 14 亿人民的财产权利，更关系到国家的和谐稳定与长治久安。为规避因税务问题产生的不稳定性因素，我国税务部门应当严格贯彻落实税收法定主义，税收法定主义要求纳税与征税以"法"为根据，这里的"法"应当仅指规范性法律文件，不包括规范性政策文件，同时，这里的法律文件应当为全国人大及其常委会制定的法律或国务院制定的行政法规，但某些税务部门以"政策大于法律"的错误观念，以"纷繁复杂的政策"为依据实施诸多税收行为，增加纳税人的税负，损害纳税人的合法权益。新时代，我国始终坚持和不断推进依法治国战略，而依法治税是依法治国的重要组成部分，也是高质量推进税收现代化的重要保障，所以我们应当坚持税收法定主义，修改和废除不合法、不合理的税收政策，[1] 坚持税收法律大于税收政策，上位法大于下位法等原则，在法治轨道上推进税收现代化行稳致远。

一、法律与政策的逻辑关系与适用边界

"法治化"是当代中国的主题之一，也是中国制度优越性的重要体现。实现"法治化"必然需要依托于规范性政策文件和规范性法律文件的协同

---

[1] 孟军. 把握新时代税收征管特征　推进税收征管改革向纵深发展 [J]. 税务研究，2022（09）：43-48.

并用，这是因为法律和政策具有天然不可逆变的优缺点，而法律与政策的优点恰好可以弥补对方的缺点。但需要明确的是，法律与政策是不同的，法律不等于政策，政策也同样不等于法律。在特定的情境下，我们必须要依据法律，而非政策；反之亦是如此。这对我们，特别是执法人员，提出一个基本要求：厘清法律与政策的适用边界。即，先明晰何为法律？何为政策？而后推导出法律与政策关系如何？边界如何？

（一）何为法律

"法律"是指："国家制定或认可并以国家强制力保证实施的，反映由特定物质生活条件所决定的统治阶级意志的规范体系"。[1] 如果我们充分解读和理解这句话，可以得出法律的内在基本内涵与外在表达。

法律的内在含义包括五点：第一，狭义的法律仅指"全国人民代表大会和全国人民代表大会常务委员会"通过的法律，广义的法律还包括"法律解释、行政法规、地方性法规、规章"，我们通常讲的规范性法律文件是指广义的法律，但它们的位阶高低不同。[2] 第二，法律是统一了的人民意志，人民的合意，是人民之间达成的契约。[3] 换言之，法律本质上就是人民让渡权利和承担义务的意思表示，是全体人民共同签署的契约，而且这种契约任何人不得违反，否则应当承担相应的责任。第三，法律由国家代表人民保障实施。国家是什么？国家是人民的代理人，本质上是人民意志的产物，是人民通过法律授权管理公共事务的代理人。换言之，人民之间首先达成契约（法律），约定组建一个机构，用来维护公共利益，提供国防、治安、基础设施如修路、提供养老金和环境治理等公共产品，监督和确保人民权利义务的实现和履行。第四，法律是一种规范，它规定了人们的行为准则和权利义务。法律是一种普遍适用的规范，它适用于所有的人，无论其身份、地位、财富等如何；是一种公正的规范，它保障了人们的合法权益，维护了社会的公平正义；[4] 是一种稳定的规范，它不会随着

〔1〕谷春德. 教育部社会科学研究与思想政治工作司. 法律基础〔M〕. 北京：高等教育出版社，2003.

〔2〕李龙主. 汪习根. 法理学〔M〕. 武汉：武汉大学出版社. 2011：56.

〔3〕荣振华. 刘怡琳. 经济法概论〔M〕. 北京：清华大学出版社，2017.

〔4〕金荣，刘春花. 民意与量刑公正问题研究.〔M〕. 镇江：江苏大学出版社，2016.

时间的推移而轻易改变，以保障社会秩序的稳定。第五，法律内生有自由、平等、秩序和效率价值。[1] 法律的自由价值是法律的核心价值之一，包括人身自由、言论自由、信仰自由等，体现了法律对人权的尊重和保障；法律的平等价值是法律的基本价值之一，包括平等的机会、平等的待遇等，体现了法律对社会公平正义的追求；[2] 法律的秩序价值是法律的重要价值之一，维护了社会的秩序，保障了社会的稳定和安全，体现了法律对社会秩序的重视和维护；[3] 法律的效率价值是指法律保障了社会资源的有效配置，促进了社会的发展和进步，体现了法律对社会发展的推动和促进。[4]

　　法律的外在表达如下：第一，以"法、决定"命名的法律。它是由"全国人民代表大会和全国人民代表大会常务委员会"制定、通过或审批，由"国家主席签署主席令"予以公布文件，如《企业所得税法》。第二，以"解释"命名的法律解释。它是由"全国人民代表大会常务委员会"制定、通过或审批，由"常务委员会发布公告"予以公布的文件，如《全国人民代表大会常务委员会关于〈中华人民共和国刑法〉有关出口退税、抵扣税款的其他发票规定的解释》。当然，在司法活动中还存有为了规范司法审判的"司法解释"，此处不再过多论述。第三，以"暂行条例、实施条例、实施细则、规定、通知、办法"命名的行政法规。它是由"国务院根据宪法和法律"制定、通过或审批，由"总理签署国务院令"公布施行的文件，如《企业所得税法实施条例》。第四，以"决定、规定、条例、方案"命名的地方性法规。它是由"省、自治区、直辖市的人民代表大会及其常务委员会根据本行政区域的具体情况和实际需要，在不同宪法、法律、行政法规相抵触的前提下"制定、通过或审批，由"省、自治区、直辖市的人民代表大会制定的地方性法规由大会主席团发布；省、自治区、直辖市的人民代表大会常务委员会制定的地方性法规由常务委员会发布公告"予以公布的文件。如《湖南省人民代表大会常务委员会关于湖南省契

〔1〕　沈春晖．法源意义上行政法的一般原则研究［J］．公法研究，2008（01）：50-102.
〔2〕　沈春晖．法源意义上行政法的一般原则研究［J］．公法研究，2008（01）：50-102.
〔3〕　曹平，高桂林，侯佳儒．中国经济法基础理论新探索［M］．北京：中国法制出版社，2005.
〔4〕　顾功耘．公司法律评论（2010年卷）［M］．上海：上海人民出版社，2010.

税适用税率等事项的决定》。第五，以"规定、办法、实施细则、规则"命名的规章。它包括部门规章和地方政府规章，部门规章是国务院各部、委员会、中国人民银行、审计署和具有行政管理职能的直属机构，可以根据法律和国务院的行政法规、决定、命令，在本部门的权限范围内，制定规章；地方政府规章是省、自治区、直辖市和设区的市、自治州的人民政府，可以根据法律、行政法规和本省、自治区、直辖市的地方性法规，制定规章。

综上所述，所谓的法律应当是反映人民共同意志的契约，外在表达为法律、行政法规、地方性法规、规章等，并具有独特的命名规则。这就是真正的法律，或者说是人民认可、尊重和甘愿遵守的法律。

（二）何为政策

政策是指："国家政权机关、政党组织和其他社会政治集团为了实现自己所代表的阶级、阶层的利益与意志，以权威形式标准化地规定在一定的历史时期内，应该达到的奋斗目标、遵循的行动原则、完成的明确任务、实行的工作方式、采取的一般步骤和具体措施。"[1][2] 政策是一种行为准则或行为规范，[3] 它是由政府、政党或其他组织制定的，用于指导和约束个人、组织和社会的行为。政策可以是针对某个特定领域的，如经济政策、环境政策、教育政策等，也可以是针对某个特定问题的，如税收等。

政策的制定是为了指导和规范人们的行为，实现社会的发展和进步。政策的制定需要考虑到各种因素，如社会、经济、政治、文化等，以达到预期的目标。政策的制定可以促进社会的稳定和发展，保障公民的权利和利益，促进经济的繁荣和发展，[4] 维护国家的安全和稳定，也可以提高政府的管理效率，增强政府的公信力，促进社会的公平和正义。[5] 因此，政策的制定是政府履行职责的重要手段，也是实现社会发展和进步的重要途径。

---

〔1〕　周媛媛. 正确认识法律与政策的关系 [J]. 市场周刊（理论研究），2010（07）：106-108.

〔2〕　童立群. 中国共产党国家统一理论研究 [M]. 北京. 九州出版社，2015.

〔3〕　周媛媛. 正确认识法律与政策的关系 [J]. 市场周刊（理论研究），2010（07）：106-108.

〔4〕　蔡明莉. 社会主义市场经济是法治经济 [J]. 内蒙古电大学刊，2000：86-95.

〔5〕　张琳. 经济法概论 [M]. 武汉：华中科技大学出版社，2010.

政策具有阶级性、时效性、原则性与灵活性、连续性与稳定性、权威性与强制性等特征。阶级性，是指政策的制定和实施反映了统治阶级的利益和意志，不同的阶级有不同的政策。[1] 时效性，是指政策是在一定的历史时期内制定的，随着时间的推移和社会的发展，政策也需要不断地调整和完善。原则性与灵活性，是指政策的制定需要遵循一定的原则和规范，但在具体实施过程中也需要根据实际情况进行灵活调整。连续性与稳定性，是指政策的制定和实施需要考虑到前后的一致性和稳定性，以避免政策的频繁变动对社会造成不必要的影响。权威性与强制性，是指政策是由政府、政党或其他组织制定的，具有权威性和强制性，个人和组织必须遵守政策的规定。同时，政策与法律一样，具有自由价值、平等价值、秩序价值和效率价值等价值。[2]

在外在表达上，政策一般以"公告、办法、规定、规程、规则、通知"命名，如《财政部、税务总局关于进一步加快增值税期末留抵退税政策实施进度的公告》。

（三）法律与政策的关系

法律与政策的关系问题是我国法学界重大难题之一，[3] 由于人们，特别是国家行政机关、司法机关、执法机关等，对两者之间的关系认识不清，导致"政策大于法律、政策重于法律、政策替代法律"的错误思想依旧存在，进而引发社会诸多不公平、不正义的事件发生。虽然法律与政策属于两个不同的概念，但同属于社会规范的它们都是国家治理的重要手段，两者之间存在着密切的联系和区别。在全面依法治国背景下，我们只有深刻地认识到两者的联系与区别，厘清两者的关系，才能成为真正意义上的社会主义现代化法治国家。

法律与政策之间的联系体现为互补谐变，[4] 即相辅相成、相互补充、相得益彰。[5] 首先，法律与政策均是人民意志的反映。[6] 之所以说法律

〔1〕 马力.法学原理［M］.兰州：兰州大学出版社.2012.
〔2〕 胡平仁.法理学［M］.长沙：湖南人民出版社.2008：62.
〔3〕 林景仁.关于政策和法律相互关系的几个问题［J］.法学研究，1980（04）：45-47.
〔4〕 李龙，李慧敏.政策与法律的互补谐变关系探析［J］.理论与改革，2017（01）：54-58.
〔5〕 如何理解政策和法律的关系？［J］.当代贵州，2015（25）：58.
〔6〕 张浩.略论政策与法律的关系［J］.政法论坛，1982（01）：87-91＋38.

与政策均是反映人民意志的社会规范，是因为两者的根本目的是一致的，都是为了人民利益和人民愿景的实现。在这个由人组成的社会里，每一个人都不再是独立的个人，每一个人所实施的行为终将影响着他人的行为，法谚有云"你的权利止于他者鼻尖"说的是权利不是无穷尽的，权利的行使也不能是绝对自由的，所以应当对每个人的权利进行限制，驱使每个人让渡一定的权利给公共利益的代表——国家。当国家获得人民让渡的权利后，就会想办法行使这些权利，而行使这些权利的目的是让每一个人的利益和愿景尽可能实现。那如何赋予这些权利依据呢？显然是法律和政策。因此，法律也好，政策也罢，制定、颁布和实施的目的都是人民，均是反映广大人民的根本利益，均是为了实现广大人民的共同愿景。其次，法律与政策均是人民民主专政的工具。1911 年，孙中山领导辛亥革命，推翻封建帝制，但遗憾的是反帝反封建任务尚未完成。直到以毛泽东为领袖的中国共产党带领人民取得新民主主义革命的伟大胜利，成立中华人民共和国，人民才真正地站起来，成为国家的主人。历经七十余年峥嵘岁月，党带领人民砥砺奋斗，我国逐步过渡到中国特色社会主义制度，逐步向中华民族伟大复兴迈进。实践表明，中国的快速崛起离不开党和国家领导人民实行无产阶级专政，在党的坚强领导下，人民权益得到更加充分的保障，社会更加有序美好，国家更加繁荣富强。由此可知，这一切的成就离不开一个重要工具——法律和政策组成的社会规范。最后，法律与政策内容互构、功能互补、方向谐变。[1] 以往"政策是法律的灵魂，法律是政策的具化"的观点因错误地将政策置于法律之上而应摒弃，较为适宜的表述应是"政策是法律的雏形，法律是政策的固化"。之所以认为该表述较为合宜，是因为其具有实践基础。从我国制度变迁实践看，一般遵循的都是"自发秩序→试点探索→政策引导→继续试点探索→经验立法"类似路径，从这一路径可以看出政策最先对社会运行中的新问题进行规范和引导，而后形成立法后上升至法律高度。因此，政策为法律提供了指导和框架，而法律则为政策的实施提供了保障和支持，合理运用政策和法律，两者在内容、功能、方向上相辅相成，使国家治理更加科学、民

---

[1] 李龙，李慧敏. 政策与法律的互补谐变关系探析［J］. 理论与改革，2017（01）：54-58.

主和有效。

　　然而，法律与政策毕竟属于不同的概念，它们之间存在明显的区别，主要表现在制定主体、制定程序、表现形式、调整范围、稳定性、社会功效等方面。[1] 从制定主体看，法律的制定主体是国家立法机关，而政策的制定主体是国家行政机关。从制定程序看，法律的制定有着更加科学民主的程序，而政策相较而言并不是很透明。从表现形式看，法律具有确定性和规范性，而政策更多的是倡导性、原则性和概况性。从调整范围看，政策调整的社会关系涉及各个领域，而法律主要是针对不同社会主体之间的权利义务关系。从稳定性看，法律相较于政策更加稳定，不可能朝令夕改，而政策则需要针对社会运行中的新情况及时调整改变。从社会功效看，政策只是起到协调作用，并不能强制地要求某些主体为或不为，特别是私主体，而法律则具有强制性，有明确规定的则必须为或禁止为。

（四）法律与政策的适用边界

　　法律具有稳定性、普遍适用性、强制性等特点，政策则具有针对性、灵活性、倡导性等特点，两者的有机结合，并轨运行，对于调整社会关系，巩固国家发展根基等方面具有积极作用。但两者比较是不同的，虽有紧密联系，但也有显著区别，不可无差别适用。实践中，"把政策当作法"和"政策大于法"的观念桎梏，特别是体现于行政机关中。在涉及公共管理事宜时，行政机关往往以这种错误观念衍生出不少违法行为，损害了人民群众的合法权益，让人民对法有了误解，对法律所蕴含的公平正义不再期望。深思之下，这一切都源于对法律与政策的适用边界认识不清，过于抬高法律，或过于抬高政策；该适用法律的时候适用政策，或该适用政策的时候却适用法律。为破解此障碍，只有牢固以下三个基本理念，才能厘清法律与政策的适用边界，正确地实施法律和政策。

　　一是任何组织和个人都不能凌驾于法律之上。"法律乃治国之重器"说的是法律对于国家治理的重要性。习近平总书记多次强调"构建中国特色社会主义法治体系"，并形成习近平法治思想，这说明党中央高度

〔1〕　段钢．论政策与法律的关系〔J〕．云南行政学院学报，2000（05）：51-54．

重视法律的建设，也高度重视法律的执行。事实也确实如此，自新中国成立以来，党和国家持续推进法治建设，制定修改诸多法律，中国法律体系不断完善。但遗憾的是，某些行政机关以"政策"代替"法律"，损害了法律的权威性。虽然法律和政策均属于社会规范，也均体现了人民意志，但法律才是人民意志形成的契约，是人民意志的充分体现，而政策仅是人民意志的部分体现，更多的是行政管理部门的意志。同时，历史经验表明，以政策代替法律将滋生以组织和党委之名凌驾于法律之上，抗拒法律之执行，甚至违法犯法的行为。因此，法律才是根基，才是一切活动的基本遵循，任何组织和个人都不能凌驾于法律之上。[1]

二是司法和执法只能适用法律。善法在于执行。在法律执行过程中，司法和执法是最为重要的一环，依法执行关系到人民权利是否真正得到保障和履行，依法裁判关系到人民权利是否受到公平对待和救济保障。实践中，行政机关按照政策执法，甚至创造政策执法的行为，显然是对人民权利的侵害；司法机关按照政策判决，显然也是对人民权利的不尊重；这样的行为很难让人民信服，也有损国家权威。因此，适用法律，以法律为依据进行执法和司法才是正解。

三是政策应当按照有利于私主体的原则适用。按照法的运行逻辑，一部法律不可能一经施行就达到"完美状态"，随着法律的深入实施，必然会有诸多现实问题显现出来。[2] 此时，限于法律的滞后性，对这些问题的立法存在空白。进而，各组织和个人在社会运行中因法律缺位而手足无措。那怎么办呢？政策天然具有的针对性、灵活性就得以发挥，以政策作为补充，解释适用。但是，政策也不能是随意适用的，只有那些有利于人民利益的政策才是良政。同时，政策并非全部有效，那些与法律相违背的政策是无效的，那些社会效果差的政策也是无效的，那些与人民权益不相符的政策也是无效的。排除之后，只有那些有利于增加私主体权益，减少

---

〔1〕　董立坤．谁也不能居于法律之上——兼论法律与个人、党政机关、政策的关系［J］．社会科学，
　　　　1980（01）：7-12.
〔2〕　杨毅斌，刘庆德．《中华人民共和国乡村振兴促进法》保障共同富裕实现的问题研究［J］．中
　　　　共银川市委党校学报，2023（05）：66-78.

公主体权力的政策才能被适用。

二、非营利性民办学校税收法律与政策的梳理

本书以"非营利性民办学校的学费、住宿费是否缴纳企业所得税"为研究对象，梳理非营利性民办学校税收法律与政策文件，并对相关文件简评，以观非营利性民办学校税收法律与政策的文本现状，为后续理解和适用非营利性民办学校税收规定奠定基础。为此，本书以"国内某专业性法律智能检索系统"为工具，"非营利性组织""非营利性民办学校""税收优惠""企业所得税""免税""不征税""学费、住宿费"等为关键词，全面检索我国现行有效的政策法令，做出以下梳理和简评。

（一）关于非营利性民办学校税收法律文件的梳理

历经艰苦探索与创新，我国基本建成以宪法为核心的中国特色社会主义法律体系，结合《立法法》精神，我们按层级将法律、行政法规、规章、地方性法规等统称为法律文件。基于此，本书检索发现与非营利性民办学校学费、住宿费相关的税收法律文件有《宪法》《民办教育促进法》《企业所得税法》《税收征收管理法》之法律及其对应的实施条例。为方便读者对法律文件识别和认识，本人将相关法律文件分为宪法、法律、行政法规三个层级，并进行可视化梳理。

第一层级：宪法

《中华人民共和国宪法》第 56 条规定："中华人民共和国公民有依照法律纳税的义务。"

理解：第一，纳税的主体是中华人民共和国公民，这里的公民还应包括中华人民共和国境内的组织。第二，纳税是一种义务，而且是应当履行的义务。第三，纳税主体依照法律纳税，而不是依照政策、规章和其他规范性文件纳税。

第二层级：法律

法律名称	法条原文
中华人民共和国民办教育促进法	第四十七条　民办学校享受国家规定的税收优惠政策；其中，非营利性民办学校享受与公办学校同等的税收优惠政策。
中华人民共和国企业所得税法	第七条　收入总额中的下列收入为不征税收入： （一）财政拨款； （二）依法收取并纳入财政管理的行政事业性收费、政府性基金； （三）国务院规定的其他不征税收入。
	第二十六条　企业的下列收入为免税收入： …… （四）符合条件的非营利组织的收入。
	第三十五条　本法规定的税收优惠的具体办法，由国务院规定。
中华人民共和国税收征收管理法	第三条　税收的开征、停征以及减税、免税、退税、补税，依照法律的规定执行；法律授权国务院规定的，依照国务院制定的行政法规的规定执行。 任何机关、单位和个人不得违反法律、行政法规的规定，擅自作出税收开征、停征以及减税、免税、退税、补税和其他同税收法律、行政法规相抵触的决定。

理解：第一，非营利性民办学校享有与公办学校同等的税收优惠，公办学校学费、住宿费收入不征税，那么非营利性民办学校也应当不征税，或达到同等的税收优惠待遇——免税。第二，非营利性民办学校只要符合非营利性组织免税收入条件，收入免税。第三，税收优惠具体办法只能由国务院以行政法规的方式规定，任何组织和个人必须按照法律和行政法规执行免税决定，不得依据其他规范。

第三层级：行政法规

法规名称	法条原文
中华人民共和国民办教育促进法实施条例	第五十四条　民办学校享受国家规定的税收优惠政策；其中，非营利性民办学校享受与公办学校同等的税收优惠政策。

续表

法规名称	法条原文
中华人民共和国 企业所得税法实施条例	第八十四条　企业所得税法第二十六条第（四）项所称符合条件的非营利组织，是指同时符合下列条件的组织： （一）依法履行非营利组织登记手续； （二）从事公益性或者非营利性活动； （三）取得的收入除用于与该组织有关的、合理的支出外，全部用于登记核定或者章程规定的公益性或者非营利性事业； （四）财产及其孳息不用于分配； （五）按照登记核定或者章程规定，该组织注销后的剩余财产用于公益性或者非营利性目的，或者由登记管理机关转赠给与该组织性质、宗旨相同的组织，并向社会公告； （六）投入人对投入该组织的财产不保留或者享有任何财产权利； （七）工作人员工资福利开支控制在规定的比例内，不变相分配该组织的财产。 前款规定的非营利组织的认定管理办法由国务院财政、税务主管部门会同国务院有关部门制定。
	第八十五条　企业所得税法第二十六条第（四）项所称符合条件的非营利组织的收入，不包括非营利组织从事营利性活动取得的收入，但国务院财政、税务主管部门另有规定的除外。
中华人民共和国 税收征收管理法实施细则	第三条第一款　任何部门、单位和个人作出的与税收法律、行政法规相抵触的决定一律无效，税务机关不得执行，并应当向上级税务部门报告。

理解：第一，明确规定了什么是享受免税待遇的符合条件的非营利性组织，满足规定的七个条件即可。第二，财政、税务主管部门会同国务院有关部门（教育部、民政部等）对享受免税待遇的非营利组织的七个条件制定认定办法。第二，符合条件的非营利性组织的收入并非全部免税，从事营利性活动取得的收入一般不免税，但是财政、税务主管部门特别规定的营利性收入也可以免税。第三，任何组织和个人违反法律、法规的税收决定都是无效决定，这里的决定应当包括颁布的政策、内部规范性文件以及下达执法决定等。

（二）关于非营利性民办学校税收政策文件的梳理

同理，按照法律文件的梳理方式对政策文件进行梳理，主要是国务院的政策文件和财政部、税务部门的政策文件，其他部门并未颁布相关性较高的政策文件。为此，具体梳理和理解如下。

第一层级：国务院颁布的政策

文件名称	内容原文
国务院关于鼓励社会力量兴办教育促进民办教育健康发展的若干意见	对民办学校（含其他民办教育机构）实行非营利忙和营利性分类管理。非营利性民办学校举办者不取得办学收益，办学结余全部用于办学。
	国家积极鼓励和大力支持社会力量举办非营利性民办学校。各级人民政府要完善制度政策，在政府补贴、政府购买服务、基金奖励、捐资激励、土地划拨、税费减免等方面对非营利性民办学校给予扶持。各级人民政府可根据经济社会发展需要和公共服务需求，通过政府购买服务及税收优惠等方式对营利性民办学校给予支持。
	非营利性民办学校与公办学校享有同等待遇，按照税法规定进行免税资格认定后，免征非营利性收入的企业所得税。
国务院关于税收等优惠政策相关事项的通知	各地区、各部门今后制定出台新的优惠政策，除法律、行政法规已有规定事项外，涉及税收或中央批准设立的非税收入的，应报国务院批准后执行。

理解：第一，民办学校分类为营利性民办学校和非营利性民办学校，并在税收优惠等方面对非营利性民办学校给予扶持。第二，非营利性民办学校免税资格认定只能按照税法认定，不能依据政策认定，只要符合税法规定就应免征企业所得税。第三，各部门涉及税收或者非税收的政策必须经国务院批准，未经国务院批准的，不生效、不执行。

第二层级：财政部、税务总局颁布的内部规范性文件

文件名称	文件原文
财政部　国家税务总局关于非营利组织企业所得税免税收入问题的通知	一、非营利组织的下列收入为免税收入： （一）接受其他单位或者个人捐赠的收入； （二）除《中华人民共和国企业所得税法》第七条规定的财政拨款以外的其他政府补助收入，但不包括因政府购买服务取得的收入； （三）按照省级以上民政、财政部门规定收取的会费； （四）不征税收入和免税收入孳生的银行存款利息收入； （五）财政部、国家税务总局规定的其他收入。 取得免税资格的非营利组织应按照规定向主管税务部门办理免税手续。

续表

文件名称	文件原文
企业所得税优惠政策事项办理办法（国家税务总局公告　2015 年第 76 号）	第八条　企业享受定期减免税，在享受优惠起始年度备案。在减免税起止时间内，企业享受优惠政策条件无变化的，不再履行备案手续。企业享受其他优惠事项，应当每年履行备案手续。 企业同时享受多项税收优惠，或者某项税收优惠需要分不同项目核算的，应当分别备案。主要包括：研发费用加计扣除、所得减免项目，以及购置用于环境保护、节能节水、安全生产等专用设备投资抵免税额等优惠事项。 定期减免税事项，按照《目录》优惠事项"政策概述"中列示的"定期减免税"执行。

理解：财政部、税务部门颁布部门层面内部规范性通知，将非营利组织免税收入范围限缩为五项，并要求非营利性组织必须向税务部门申报办理免税资格后，才能享受税收优惠。

（三）对非营利性民办学校税收法律与政策文件的简评

通过以上梳理发现，关于"非营利性民办学校学费、住宿费是否为免税收入"的规定有《宪法》《民办教育促进法》《企业所得税法》《税收征收管理法》，以及与后三部法律相配套的实施条例和国务院、财政税收部门颁布的政策文件。按照法理，结合相应内容，可以得出的结论是：非营利性民办学校的学费、住宿费收入为免税收入。理据如下：

第一，财政部、税务部门颁布的政策文件违反法律法规无效，或因与国务院政策相抵触而无效，所以不能作为判定非营利性民办学校收入是否免税的依据。

第二，法律法规明确规定符合条件的非营利性组织的非营利性收入属于免税收入，所以只要符合相关规定，就应当免税。一方面非营利性民办学校符合条件；另一方面非营利性民办学校收取的学费、住宿费确实是非营利性活动中收取的，所以非营利性民办学校的学费、住宿费为免税收入。

第三，按照上位法大于下位法和税收法定，非营利性民办学校的学费、住宿费为免税收入具有逻辑一惯性。第一层逻辑：非营利性民办学校与公办学校享有同等税收优惠，后者不征税，前者达到同等效果免税。第二层逻辑：符合条件的非营利性组织的非营利性收入为免税收入，非营利性民办学校具备法律法规规定的条件，学费、住宿费符合法律法规规定的非营利性收入，所以免税。第三层逻辑：法律规定税收只能依据法律和国务院规定执行，那么财政部、税务总局等颁布的文件都不能作为执行依据，将这些全部删除，非营利性民办学校的学费、住宿费免税完全符合规定。

三、非营利性民办学校税收法律与政策的适用规则

与非营利性民办学校税收相关的社会规范包括规范性法律文件（简称"法律"）和规范性政策文件（简称"政策"），两者有机结合，并轨运行，构建形成税收权利义务体系。但是，法律与政策毕竟是不同的，两者的不同之处不仅体现在概念和特征方面，更体现为效力不同。按照法理，法律的效力优于政策，上位法律优于下位法律，上位政策优于下位政策。实践中，税务部门对法律和政策的效力有无、效力强弱、效力范围认识不足，或故意为之，实施诸多"该征税不征税"和"不该征税强征税"的违法行为。按照理论，政策对人民而言属于指导性规范，指引着人民朝着什么样的方向努力、前进；但政策对于行政机关而言却属于强制性规范，为使得政策目的得以实现，当人民按照政策找行政机关作为或要求政策禁止为时，行政机关应当按照政策执行。所以，具有倡导性的税收政策规定对非营利性民办学校是没有强制力的，仅是指导其朝着未来方向努力；对税务行政机关具有引发性强制力，当非营利性民办学校要求税务部门按照政策执行时，则其必须执行。

（一）税收法律优先于税收政策

法律天然具有普遍性、强制性、意志性等特点，在法治、民主、自由的国家，人民是国家的主人，那么人民所遵循的规则应当是人民意志的完全表达。我国是人民民主专政的社会主义国家，人民代表大会制度是我国根本政治制度，而我国的规范性法律文件是由人民代表大会颁布的，或者是人民代表大会授权的机关颁布的。所以，法律文件是人民意志的表达。相反，政策文件的颁布主体是国务院及其各部门、省政府等，有些政策文

件确实有法律的授权，体现了人民一定的意志，但绝大多数政策文件是相关部门自己制定的。对于税收规范亦是如此，如上梳理，税收规范文件有税收法律和税收政策，税收法律是人民意志的体现，而税收政策多是财税主管部门意志的体现，当然国务院的税收政策一定程度上体现了人民意志。因此，从人民意志视角来看，关于非营利性民办学校的税收法律文件效力远大于税收政策文件。

另外，从税收法定理论出发，税收法律同样优先于税收政策文件，甚至应当否定税收政策文件的效力。正如本书第一章所讲，税收法定的通俗理解是，关于税收的规定只能由法律规定，对于税收事务也只能依照法律。如果对税收法律做严格解释，这里的法律应是指全国人民代表大会颁布的法律，而国务院颁布的行政法规以及更低层级的法律文件都应排除在外。但是，按照我国《税收征收管理法》精神解释，这里的法律还包括国务院颁布的行政法规，而其他的文件均无效，或者说不能作为税收事务的依据。因此，按照税收法定原则，关于非营利性民办学校的税收法律文件是有效的，某些与法律精神相冲突的税收政策文件是无效的。

综上所述，无论是从人民意志视角看，还是从税收法定原则出发，对于非营利性民办学校的税收事宜，优先适用法律。如果是关于税收的司法和执法事宜，那么只能适用法律。

（二）税收上位法优先于税收下位法

我国《立法法》第 107 条规定了下位法不得违反上位法。上位法和下位法是根据位阶地位的不同而作的一种效力等级和适用顺序的分类。所谓位阶地位主要是由颁发主体法律地位为判断标准，如全国人民代表大会及其常委会大于国务院；所谓上位法就是颁发主体法律地位相对较高的规范性法律文件，所谓下位法则是相对较低的规范性法律文件，如《企业所得税法》大于《企业所得税法实施条例》。之所以按照立法主体的位阶判断法律效力的强弱，是因为立法主体位阶越高，立法程序越严格。[1] 同时，立法主体位阶越高，反映和体现的人民利益和意愿的层次和范围越高。[2]

〔1〕　张根大，法律效力论［M］. 北京：法律出版社，1999：169.

〔2〕　杨忠文，杨兆岩. 法的效力等级辨析［J］. 求是学刊，2003（06）：74-80.

如《民办教育促进法》和《企业所得税法》的立法主体是全国人民代表大会及其常委会，而相对应的《实施条例》的立法主体是国务院，全国人民代表大会及其常委会的立法程序相较于国务院更加严格，同时也更能代表和反映人民的意志。因此，除了税收法律优于一切税收政策外，第二层适用规则是税收法律优于税收行政法规优于税收部门规章。

（三）倡导性税收规定作有利于非营利性民办学校的解释适用

税收作为一种财政工具，它为国家提供了稳定的财政收入，保证了国家职能的履行和社会公共事业的发展，对于调节经济活动、促进社会公平、优化资源配置和维护国家利益等方面具有重要的社会和经济价值。但是税收规定应当是正义的，历史经验表明，不正义的税收规定难以被人们尊重和接受，甚至是抵抗，从而影响国家政权的稳定和长治久安。首先可以明确的是，税收政策文件都属于倡导性规定，因为政策本身没有强制力。其次还要说明的是，有些税收法律也是原则性规定或者说是指导性规定，如果没有下位法规定，也属于倡导性规定。对于倡导性税收规定，应当遵循"法无禁止即自由"的原则，作有利于人民纳税人或行政相对人的解释是正义的，是能让人民信服、尊重和认可的行为。

相反，倡导性税收规定应当对税务部门作不利解释。如上所述，只有正义的税收才能让人民尊重，才能满足国家宏观调控需要。而税收是否正义除了规范文件本身而言，更在于规范文件的执行，毕竟"法的生命在于执行"。对于人民而言"法无禁止即自由"，只要法律没有规定的，均要按照有利于人民的原则办；但对于公权力而言"法无明文规定不可为"，只要法律没有规定，公权力机关就不能做。之所以有这样的规则，是因为人民基于信息不对称等因素，权利可能无法得到充分实现；而公权力机关可能滥用职权侵犯人民利益。就倡导性税务规定讲，非营利性民办学校可能限于信息收集能力或专业能力而无法及时按照规定履行义务，抑或行使权利，所以要给予其包容，让其能在自知道或应当知道之日起积极地为或不为；而税务部门则不一样，相关的税务文件应当了如指掌、熟记于心，当非营利性民办学校按照规定到税务部门办理事宜时，税务部门应当按照规定予以办理。

综上所述，按照税收正义理论，如果有明确、可操作性强的非营利性民办学校的税收规定，应当依照相关规定执行；反之则应当按照有利于非营利性民办学校的原则解释适用，当非营利性民办学校按照规定提起办理事宜时，税务部门应当规定予以办理。只有这样，才能让非营利性民办学校的投资举办者感受到公平正义，才会积极响应国家号召为教育事业做奉献。

第 四 章

非营利性民办学校税收待遇的理解与适用

一、非营利性民办学校与公办学校享有同等税收待遇的理解与适用

我国《民办教育促进法》第 3 条规定："民办教育事业属于公益性事业，是社会主义教育事业的组成部分。国家对民办教育实行积极鼓励、大力支持、正确引导、依法管理的方针。各级人民政府应当将民办教育事业纳入国民经济和社会发展规划。"[1] 第 47 条规定："民办学校享受国家规定的税收优惠政策；其中，非营利性民办学校享受与公办学校同等的税收优惠政策。"

《国务院关于鼓励社会力量兴办教育促进民办教育健康发展的若干意见》（国发〔2016〕81 号）第 14 条明确要求："落实税费优惠等激励政策。……非营利性民办学校与公办学校享有同等待遇，……免征非营利性收入的企业所得税。"

国务院 2021 年 4 月 7 日颁布的《民办教育促进法实施条例》第 54 条再次明确了对民办教育的所得税税收优惠政策："民办学校享受国家规定的税收优惠政策；其中，非营利性民办学校享受与公办学校同等的税收优

---

〔1〕 马玮岐. 公共财政扶持民办高等教育发展的政策研究〔J〕. 中国管理信息化, 2017, 20（11）: 201—202.

惠政策。"

对于公办学校来说，我国有关法规和财政部相关规定，明确规定了学费、住宿费作为公办高等学校的行政事业性收费，属于《企业所得税法》规定的不征税收入范围。财政部于 2017 年发布的《全国性及中央部门和单位行政事业性收费目录清单》中，也明确列举了公办高等学校（含科研院所、各级党校等）学费、住宿费、委托培养费、函大、电大、夜大及短期培训费属于行政事业性收费。《企业所得税法》第 7 条第 2 项规定了"依法收取并纳入财政管理的行政事业性收费、政府性基金"为不征税收入。故公办学校收取的学费、住宿费的性质为行政事业性收费，属于不征税收入范围。根据上述规定，非营利性民办学校应当享受与公办学校同等的税收优惠政策，税务部门应对学费、住宿费免征企业所得税。

二、非营利性民办学校享有不征税收入的理解与适用

（一）对于收取的学费、住宿费，公办学校作为不征税收入与非营利性民办学校作为免税收入并不矛盾

对收入总额按是否属于企业所得税征税范围应分为不征税收入和征税收入，故不征税收入指不负有纳税义务并不作为应纳税所得额组成部分的收入，不征税收入不属于所得税优惠范围。[1]

对于非营利性民办学校，法律法规明确规定为："非营利性民办学校享受与公办学校同等的税收优惠政策""非营利性民办学校与公办学校享有同等待遇"。故对于非营利性民办学校的符合条件的收入，属于所得税优惠范围，应当是作为免税收入的范畴。

而对于非营利性民办学校收取的学费、住宿费，所对应的公办学校收取的学费、住宿费属于行政事业性收费而纳入不征税范畴的情况下，非营利性民办学校与公办学校在税收上的同等待遇应当体现为：不收取学费、住宿费收入的企业所得税。只是对于公办学校的学费、住宿费收入的处理方式为纳入不征税范畴，对于非营利性民办学校的学费、住宿费收入的处

---

[1]　陈玉琢，叶美萍．不征税收入和免税收入若干问题辨析［J］．税务与经济，2012（06）：60—66.

理方式为享受免税政策。[1]

　　（二）学费、住宿费收入享受免税政策不以政府举办或纳入财政管理为前提条件

　　根据《财政部、国家税务总局关于教育税收政策的通知》（财税〔2004〕39号）规定："对政府举办的高等、中等和初等学校（不含下属单位）举办进修班、培训班取得的收入，收入全部归学校所有的，免征营业税和企业所得税"。该文件于《财政部、国家税务总局关于加强教育劳务营业税征收管理有关问题的通知》（财税〔2006〕3号）作出修改，载明"'政府举办的高等、中等和初等学校（不含下属单位）'是指'从事学历教育的学校（不含下属单位）'"。2008年全国"两会"期间，财政部关于"依法给予民办学校享受与公办学校同等税收政策"提案的答复中将"政府举办的高等、中等和初等学校"明确为"上述学校均包括符合规定的从事学历教育的民办学校"，并强调"税收优惠政策并非以是否政府举办为条件，而是以是否从事学历教育为条件，无论公办还是民办学校，只要符合从事学历教育这一条件，均可以享受税收优惠政策。[2] 我们认为，现行政策已体现了公办学校与民办学校的税收政策待遇的统一，符合民办教育促进法的精神"。由此可见，现行有效的财税〔2006〕3号文及财政部答复均已明确将符合规定的从事学历教育的民办学校取得的学费收入纳入免税收入范畴，这也是财政部认为现行政策已体现了公办学校与民办学校的税收政策待遇的统一，且未对民办学校颁布免税新政策的原因。

　　而对于不收取学费、住宿费收入的企业所得税是否要求纳入行政管理的问题而言，学费、住宿费是否纳入财政预算管理，仅是行政管理中的一环，不能以此作为判断是否应当纳税的标准。并且，民办学校对普通本科、专科学生进行的学历教育，属于代行政府职能具有政府公共管理和公共服务性质的行为。

　　《财政部、教育部关于严禁截留和挪用学校收费收入加强学校收费资

〔1〕 冯铁拴. 非营利性民办学校享受同等税收优惠待遇的障碍与突破〔J〕. 复旦教育论坛，2022，20（06）：32-39.

〔2〕 刘艾林. "过渡期"民办高校企业所得税税收政策研究〔J〕. 纳税，2020，14（02）：4-5.

金管理的通知》（财综〔2003〕94号）中规定："一、明确学校收费资金管理范围。……（四）各级政府举办的各类高等学校，包括全日制普通高等学校和成人高等学校，按照财政部、国家发展改革委员会、教育部或各省、自治区、直辖市人民政府规定收取的学费、住宿费、委托培养费、短期班培训收入"；"二、深化学校收费资金'收支两条线'管理。学校收费资金必须严格按照国家有关规定全额上缴同级财政专户或国库，实行'收支两条线'管理。各级财政部门应当按照保障学校正常运转和促进教育事业发展的原则，将学校收费资金逐步纳入收入收缴改革范围……"；"三、确保学校收费资金全部用于教育事业发展。……其中普通高级中学……学费等收入统筹用于办学支出。"《湖南省民办教育收费管理办法》第13条更是明确指出，捐资举办的民办学校和出资人不要求取得合理回报的民办学校，其收费按行政事业性收费管理。

由以上政策可以得出，民办学校学费、住宿费、培训费收费本质上也是按行政事业性收费进行管理。但是，从实际操作来看，财政部、教育部等相关部门暂未将民办学校学费、住宿费收入纳入财政预算资金管理或财政预算外资金专户管理，且未纳入财政预算资金管理或者财政预算外资金专户管理并非民办学校的主观意愿。

经查询各省市现行有效的定价目录可知，上海市对于民办非营利中小学学历教育的学费、住宿费授权区人民政府定价；安徽省对于非营利性民办学校学历教育学费、住宿费标准由省价格主管部门或授权市、县人民政府定价；福建省对于非营利性民办学历教育收费则区分独立学院学费、住宿费收费标准，辖区内由设区的市及其以上教育行政部门批准设立的民办中、小学校学费、住宿费收费标准等，由省价格主管部门或者授权设区的市人民政府定价；此外还有辽宁省、甘肃省、四川省等对非营利性民办学校收取学费、住宿费等定价主体进行了规定。故各省市对于非营利性民办学校收取学费、住宿费的定价主体并不统一。[1] 部分省市将非营利性民办学校收取学费、住宿费纳入财政管理范畴，但若将是否纳入财政管理范畴作为区分是否对民办学校收取的学费、住宿费收入征收所得税的标准将陷

---

〔1〕 陈建平. 加强民办教育收费监管的探讨〔J〕. 中国价格监管与反垄断，2021（08）：23—27.

入逻辑错误，据此也应排除财税〔2008〕151号文的适用。

故对非营利性民办学校收取的学费、住宿费免征所得税不应当以政府举办或纳入行政管理为准。

三、非营利性民办学校享有免税收入的理解与适用

（一）非营利性民办学校享受免税政策的适用应以《企业所得税法》《企业所得税法实施条例》等法律和行政法规为依据，而非财税〔2009〕122号内部性规范文件

《企业所得税法》第26条对免予征收企业所得税的范围进行了总体规定，该条款规定："企业的下列收入为免税收入：（一）国债利息收入；（二）符合条件的居民企业之间的股息、红利等权益性投资收益；（三）在中国境内设立机构、场所的非居民企业从居民企业取得与该机构、场所有实际联系的股息、红利等权益性投资收益；（四）符合条件的非营利组织的收入。"

为正确理解《企业所得税法》第26条中的"（四）符合条件的非营利组织的收入"，《企业所得税法实施条例》分别对"符合条件的非营利组织"和"非营利组织的收入"进行解释，以进一步厘清其构成要件，增加条文的可操作性。

《企业所得税法实施条例》第84条规定："企业所得税法第二十六条第（四）项所称符合条件的非营利组织，是指同时符合下列条件的组织：（一）依法履行非营利组织登记手续；（二）从事公益性或者非营利性活动；（三）取得的收入除用于与该组织有关的、合理的支出外，全部用于登记核定或者章程规定的公益性或者非营利性事业；（四）财产及其孳息不用于分配；（五）按照登记核定或者章程规定，该组织注销后的剩余财产用于公益性或者非营利性目的，或者由登记管理机关转赠给与该组织性质、宗旨相同的组织，并向社会公告；（六）投入人对投入该组织的财产不保留或者享有任何财产权利；（七）工作人员工资福利开支控制在规定的比例内，不变相分配该组织的财产。前款规定的非营利组织的认定管理办法由国务院财政、税务主管部门会同国务院有关部门制定。"第85条规

定："企业所得税法第二十六条第（四）项所称符合条件的非营利组织的收入，不包括非营利组织从事营利性活动取得的收入，但国务院财政、税务主管部门另有规定的除外。"即"符合条件的非营利组织的收入"的构成要件采取双重标准，符合主客体要件才能享受免税政策。

2009 年，财政部、国家税务总局发布了《财政部、国家税务总局关于非营利组织企业所得税免税收入问题的通知》（财税〔2009〕122 号）（以下称财税〔2009〕122 号文），该文采取列举的方式对非营利组织企业的免税收入范围进行了限制性规定。其中规定："根据《中华人民共和国企业所得税法》第二十六条及《中华人民共和国企业所得税法实施条例》（国务院令第 512 号）第八十五条的规定，现将符合条件的非营利组织企业所得税免税收入范围明确如下：一、非营利组织的下列收入为免税收入：（一）接受其他单位或者个人捐赠的收入；（二）除《中华人民共和国企业所得税法》第七条规定的财政拨款以外的其他政府补助收入，但不包括因政府购买服务取得的收入；（三）按照省级以上民政、财政部门规定收取的会费；（四）不征税收入和免税收入孳生的银行存款利息收入；（五）财政部、国家税务总局规定的其他收入。……"

因学费、住宿费难以被归入财税〔2009〕122 号文第 1 条规定的免税收入范围，使得非营利性民办学校面临即使获得了免税资格，收取的学费、住宿费也难以享受免税政策的现实困境，这也成为现实中税务部门向非营利性民办学校征收企业所得税的主要政策依据。[1]

但是，财税〔2009〕122 号文不具有合法适用性。

第一，财税〔2009〕122 号文超越了《企业所得税法》和《企业所得税法实施条例》的授权范围，且对符合条件的非营利性民办学校的合法权利造成不利影响。

财税〔2009〕122 号文明确表示其来源系《企业所得税法》与《企业所得税法实施条例》。根据《企业所得税法实施条例》第 85 条，《企业所得税法》第 26 条规定的"非营利组织的收入"原则上不包括非营利性组

---

[1]　王一涛，李宝枝．分类管理后民办学校税收政策梳理与优化建议〔J〕．浙江树人大学学报（人文社会科学版），2017，17（06）：27—32.

织的营利性收入，但国务院财政、税务主管部门有权就此另行规定。由此可以看出，《企业所得税法实施条例》仅授予国务院财政、税务主管部门一定权利对"非营利组织从事营利性活动取得的收入"是否免征所得税另行规定，但未授权其可以对"非营利组织取得的非营利收入"另行规定。

财税〔2009〕122号文作为内部规范性文件，根据《企业所得税法》第26条及《企业所得税法实施条例》第85条的规定制定，却对其权力来源未经授权部分也一并规定，系超越上位法授权范围。

同时，财税〔2009〕122号文直接限缩了《企业所得税法》第26条"符合条件的非营利组织的收入"范围，对符合条件的非营利性民办学校应享受的所有非营利性收入免税的合法权利产生了实质减损。[1] 故财税〔2009〕122号文不具有合法适用性。

第二，财税〔2009〕122号文与《民办教育促进法》等上位法相抵触。

《民办教育促进法》第47条与《民办教育促进法实施条例》第54条均规定"民办学校享受国家规定的税收优惠政策；其中，非营利性民办学校享受与公办学校同等的税收优惠政策"。国务院于2016年发布《国务院关于鼓励社会力量兴办教育促进民办教育健康发展的若干意见》（国发〔2016〕81号）也明确指出"非营利性民办学校与公办学校享有同等待遇，按照税法规定进行免税资格认定后，免征非营利性收入的企业所得税"。根据前述规定，非营利性民办学校的学费、住宿费收入应与公办学校的税收政策一致，应就此享受免税政策。

但财税〔2009〕122号文对非营利组织企业所得税免税收入范围的限制，大大压缩了非营利性民办学校享受免税政策的空间，使前述规定难以得到落地实施。

同时，《民办教育促进法》第19条第1款、第2款、第3款规定："民办学校的举办者可以自主选择设立非营利性或者营利性民办学校。但是，不得设立实施义务教育的营利性民办学校。非营利性民办学校的举办者不得取得办学收益，学校的办学结余全部用于办学。营利性民办

---

〔1〕 刘建银.准营利性民办学校研究〔M〕.北京：北京师范大学出版社，2010.

学校的举办者可以取得办学收益，学校的办学结余依照公司法等有关法律、行政法规的规定处理。"如按照财税〔2009〕122号文的处理方式，则是将营利性民办学校与非营利性民办学校进行无差别对待，《民办教育促进法》中营利性与非营利性民办学校的分类开设将成为一纸空文。

财税〔2009〕122号文属于财政部与税务总局发布的效力较低的规范性文件，而《民办教育促进法》属于全国人大常委会制定的法律、《民办教育促进法实施条例》属于国务院制定的行政法规，故财税〔2009〕122号文因与法律、行政法规相抵触而无效。

综上所述，财税〔2009〕122号文不具有合法适用性，因而依据该规范性文件认定非营利性民办学校收取的学费、住宿费不享有免税政策的结论不具有正当性。

（二）为贯彻"同等的税收优惠政策"，非营利性民办学校的学费、住宿费收入应享受免税政策

如前所述，有关法律法规明确规定"非营利性民办学校享受与公办学校同等的税收优惠政策""非营利性民办学校与公办学校享有同等待遇"。

我国法律明确规定了学费、住宿费作为公办高等学校的行政事业性收费，属于《企业所得税法》的不征税收入范围。且在财政部于2017年发布的《全国性及中央部门和单位行政事业性收费目录清单》中，也明确列举了公办高等学校（含科研院所、各级党校等）学费、住宿费、委托培养费、函大、电大、夜大及短期培训费属于行政事业性收费。而非营利性民办学校的学费、住宿费与公办学校的学费、住宿费在性质、用途、结余管理方式方面均相同，应享有同样的免税优惠政策。在公办学校收取的学费、住宿费属于行政事业性收费而纳入不征税范畴的情况下，非营利性民办学校与公办学校在税收上的同等待遇应当体现为：不收取学费、住宿费收入的企业所得税。只是对于公办学校的学费、住宿费收入的处理方式为纳入不征税范畴，对于非营利性民办学校的学费、住宿费收入的处理方式为享受免税政策。

　　（三）从收入性质看，非营利性民办学校的学费、住宿费收入属于非营利收入，应就此享受免税政策

　　第一，《民办教育促进法》第 19 条第 2 款规定："非营利性民办学校的举办者不得取得办学收益，学校的办学结余全部用于办学。"第 38 条第 3 款规定："民办学校收取的费用应当主要用于教育教学活动、改善办学条件和保障教职工待遇。"第 59 条第 2 款规定："非营利性民办学校清偿上述债务后的剩余财产继续用于其他非营利性学校办学；……"

　　据此，非营利性民办学校收取的学费、住宿费全部用于办学或者从事非营利性的教学活动，学校财产及其孳息不可用于股东股利分配。非营利性民办学校终止时，学校的剩余财产仅能用于办学，学校办学者对投入该组织的财产不保留或者享有任何财产权利。[1] 故非营利性民办学校收取的学费、住宿费属于非营利收入。

　　第二，民办学校举办学历教育与公办学校的属性是一致的，民办学校的准公共服务属性以及对于教育本身的巨大贡献都和公办学校一致。如民办学校的各项基础设施投入、教学运行经费投入等所有办学指标与公办学校一致，同时也需要受国家教育行政管理部门监管等。从非营利民办教育公益属性定位来说，其收取的学费、住宿费收入也应当是非营利收入。

　　第三，从实质课税原则来看，实质课税原则作为税收四大原则之一，要求按照一项交易在经济上的目的、经济的结果和经济来往的实质来确定是否应当进行课税，其考察的是交易背后的纳税人真实的税收负担能力。从理论上，该原则主张的是，在经济上获取、支配、享受商品收入、所得、财产的主体，才是课税对象所归属的纳税主体，而那些仅在名义上取得上述征税对象，在实际上并不能支配或从中获益的主体，并不是真正的应税主体。就非营利民办学校收取的学费、住宿费来说，流入这些学校的学费、住宿费在支付必要的费用之后，只能用于章程确定的目的事业，而不能挪作他用，更不能自行分配。因此，实际上，非营利性民办学校对于收取的学费、住宿费并无独立支配权，也无法从中获利。故从实质课税原

〔1〕 吴回生，柯小青. 非营利性民办学校出资人的特别财产权探析 [J]. 广东第二师范学院学报，2019，39（06）：42—47.

则来看，非营利性民办学校收取的学费、住宿费也应当属于非营利收入，从而免征企业所得税。

第四，从共同富裕理念来说，共同富裕是中国特色社会主义的发展目标。[1] 2021 年 12 月召开的中央经济工作会议提出，要发挥分配的功能和作用，坚持按劳分配为主体，完善按要素分配政策，加大税收、社保、转移支付等的调节力度，支持有意愿有能力的企业和社会群体积极参与公益慈善事业。而个人出于自愿，在习惯与道德的影响下把可支配收入的一部分或大部分捐赠出去，可称为"第三次分配"。非营利性民办学校正是办学者将可支配收入向社会捐赠而成立的，符合共同富裕的理念。《民办教育促进法》也明确规定"民办教育事业属于公益性事业，是社会主义教育事业的组成部分"。贸然向非营利性民办学校的学费、住宿费征收企业所得税，必将影响办学者对于"营利性"与"非营利性"的选择，从而导致民办学校办学者大批转向选择营利性办学，不符合共同富裕的理念，在此过程中也未发挥税收在支持有意愿、有能力的企业和社会群体积极参与公益慈善事业的调节作用。故将非营利性民办学校收取的学费、住宿费列为非营利收入，从而对非营利学校的学费、住宿费免征企业所得税也是共同富裕的应有之义。

四、非营利性民办学校税收待遇的实现与救济

国家已经明确民办教育属于公益性事业，是社会主义教育事业的重要组成部分，是教育事业发展的重要增长点和促进教育改革的重要力量，民办教育在丰富教育资源供给，满足人民群众多样化教育需求，适应国民经济和社会事业发展需要等方面做出了积极贡献，是改善我国民生的重要力量，是推进民生改善的重要主体，是推进民生改善的重要手段，服务于民生水平的提升，与公办教育共同作用于民生的提高。[2] 因此，《民办教育促进法》规定："民办教育事业属于公益性事业，是社会主义教育事业的

---

〔1〕 王明姬. 探索共同富裕的实践途径 [J]. 理论导报，2022（05）：8-9.
〔2〕 鞠光宇. 民办教育对民生发展的重要性及推进策略 [J]. 浙江树人大学学报（人文社会科学版），2018，18（05）：7—11.

组成部分。""民办学校与公办学校具有同等的法律地位，国家保障民办学校的办学自主权。"

　　贸然向非营利性民办学校的学费、住宿费征收企业所得税，会带来较多负面社会效果。第一，冲击民办教育分类开设改革，建立营利性和非营利性民办学校分类管理制度，积极引导民办学校选择非营利性办学，是中央深改组的重大决策。作为引导民办学校选择非营利性办学的关键指挥棒，"非营利性民办学校享受与公办学校同等税收优惠政策"能否执行，直接决定着民办教育分类管理的成败。当前正值全国 19 万民办学校选择办学路线的关键时期，若突击征缴企业所得税，则意味着"选'营利性'、选'非营利性'都一样交税"，必将导致民办学校大批转向选择营利性办学，客观上将造成分类管理的重大决策无法落实，背离深改组的"以非营利性办学为主"的导向及初衷。第二，对民办教育实施税收等政策优惠，是国家既定的大政方针政策，是国家的郑重承诺。30 多年来，国家一直没有向非营利性民办学校的学历教育学费收入征收企业所得税。第三，对民办教育行业造成重大打击。民办学校没有财政拨款，仅靠学费维持运营，如突击征收多年不征的企业所得税，会极大打击社会力量办教育的信心。潜在投资者会谨慎观望甚至是不再投资；已经投资者会转移甚至是抽回投资；勉强继续运营者会尽量减少投资，维持最低的办学条件。这会冲击民办教育事业，进而影响职业教育、基础教育的发展，影响各类教育健康发展的格局。

　　非营利性民办学校举办者不取得办学收益，办学结余全部用于办学。非营利性民办学校终止时，清偿后剩余财产统筹用于教育等社会事业。因此，非营利性民办学校税收待遇的实现可以通过以下路径实现。

　　（一）完善税收立法，赋予非营利性民办学校免税待遇

　　前文提及，因学费、住宿费难以被归入财税〔2009〕122 号文第 1 条规定的免税收入范围，使得非营利性民办学校面临即使获得了免税资格，收取的学费、住宿费也难以享受免税政策的现实困境，这也成为现实中税务部门向非营利性民办学校征收企业所得税的主要政策依据。

　　故目前来看，赋予非营利性民办学校免税待遇有两种路径：一为撤销财税〔2009〕122 号文，将非营利性组织取得的非营利性收入统一认定为

免税收入，并对非营利性组织的非营利性收入不应当作为免税收入的情形进行负面列举；二为直接将非营利性民办学校取得的学费、住宿费收入与财税〔2009〕122号文中的情形并列为符合条件的非营利组织企业所得税免税收入。

（二）部门联合出台民办学校税收优惠政策指引

除财政部、国家税务总局发布税收文件外，还应有教育部、人力资源和社会保障部参与制定的税收文件。教育部作为普通学历教育主管部门、人力资源和社会保障部作为职业教育主管部门，它们较之于财税主管部门更容易掌握民办学校生存发展所面临的痛点与难点，理应参与到民办学校税收优惠政策指引的制定中。

第 五 章

非营利性民办学校"免税资格"问题辨析

2016 年《国务院关于鼓励社会力量兴办教育促进民办教育健康发展的若干意见》提出对民办学校进行分类管理，根据办学目的与办学结余流向分为营利性民办学校和非营利性民办学校，同时配套给予两者差异化的扶持待遇。在税收扶持方面，《民办教育促进法》明确规定"非营利性民办学校享受与公办学校同等的税收优惠政策"。现行的法律法规以及法理上关于"同等"并没有权威说明或解释，国内最权威的由中国社会科学院语言研究所词典编辑室编写的《现代汉语词典》（第 7 版）关于"同等"的解释为"等级或地位相同的"。简言之，同等可以理解为等级和数量上的相同以及类型和性质上的相同。以学费、住宿费收入为例，因为公办学校为不征税收入，所以非营利性民办学校就也应达到与"不征税"相同的效果，即：不用交税。

检视现行有效税法，非营利性民办学校学费、住宿费收入属于《企业所得税法》和《企业所得税法实施条例》的免税条款规定的免税收入，应当予以免税。但财税主管部门却颁发《关于非营利组织免税资格认定管理有关问题的通知》（以下称"财税〔2018〕13 号通知"）对非营利性民办学校享受免税待遇设置前置条件，即：先申请资格认定，获得免税资格后再申请享受免税待遇。[1] 这实际上是违反相关法律、行政法规和国家政策的规定的变相行政许可，不具有合法性和正当性。理论上，既然非营利性

〔1〕 吴霓，王帅. 新时代民办教育改革发展的制度体系与重点策略 〔J〕. 教育研究，2018，39（06）：105—110.

民办学校与公办学校税收待遇"同等",那么两者的实体权利和程序权利均应该是同等的。同时,财税主管部门颁发的"免税资格认定"文件属于内部通知,无对外适用效力,且损害纳税人根本利益,应当予以废止。

一、免税资格与免税待遇的关系辨析

《宪法》规定,纳税是每一个公民的法定义务。但基于政府公共管理履职需要考量,对于财政拨款、行政事业性收费、政府性基金等不征税;基于实现一定的政治经济政策,给予某些纳税人或征税对象某种税收方面的鼓励或特殊照顾(税收优惠)。通常情况下,税收优惠主要有减税和免税两类,所谓减税是指从应征税款中减少一定税款,所谓免税则是减除全面应征税款。按法理,免税属于特定纳税人权利"免税权",但该权利的实现是一个动态过程,包含纳税人享有免税资格和免税待遇两个静态结果。那么何为免税资格?何为免税待遇?两者关系是什么?亟须理性辨析。

首先,何为免税资格?

从权利属性看,免税资格属于资格权。法源上的资格权是团体法"成员权"的演化概念,成员权概念最先提出者德国学者贝尔曼称,成员权是基于共有物的构造、权利归属和使用上的密切关系而形成的作为团体的一名成员所享有的权利和承担的义务。我国资格权概念首次出现在 2018 年中央一号文件《中共中央　国务院关于实施乡村振兴战略的意见》中,即"宅基地资格权",这里的"资格权"是指农户基于集体经济组织成员的特定身份享有宅基地权利的身份资格。实际上,资格权概念融于诸多法律条款之中。例如,根据《民法典》第 13 条规定,自然人的民事权利始于出生终于死亡。也就是说,当一个人出生时就自然享有权利。又如,根据《民法典》第 17 条和第 18 条规定,18 周岁以上的自然人可以独立实施民事法律行为。也就是说,当一个人达到 18 周岁了,就是完全民事行为能力人,可以独立的享有权利和履行义务[1] 类推解释,所谓免税资格就是

---

[1]　骆意中.法律面前人人平等:谁的面前?何种平等?[J].浙江社会科学,2023(02):46—55
+156.

指纳税人的一种身份，即当纳税人符合税法规定的免税资格条件时，就自然获得免税的权利。[1] 对于非营利性民办学校学费、住宿费收入的税法规定是《企业所得税法》第 26 条和《企业所得税法实施条例》第 80 条，其中后者明确规定了非营利性民办学校免税的资格条件。换言之，只要非营利性民办学校符合《企业所得税法实施条例》第 84 条规定的七个条件，就具有免税资格，并应然享有免税权利。

其次，何为免税待遇？

按照文义解释，免税待遇属于组合名词，应拆分为"免税"和"待遇"，免税是对应纳税款的全部减免，而待遇在《辞海》中的解释为享有的权利、社会地位、物质条件等。所以，免税待遇是指纳税人享有的免于缴纳应纳税款的权利或物质条件。本质上，每一种权利背后都拥有特定的利益要素，当权利得以行使，利益结果就得以体现，而且权利行使越充分，利益实现的可能性就更高，利益结果就更大。从严格意义上讲，免税待遇并不是一种权利，而是一种权利实现的结果。即，免税资格权和免税权之权利实现的利益结果。

最后，免税资格与免税待遇有何关系？

如开篇所言，免税的本质是一个动态的过程，即"免税资格→免税权→免税待遇"。换言之，纳税人符合税法规定的免税资格条件时则具备免税身份，享有免税资格权；而后当纳税人应纳税款属于税法规定的免税对象时则拥有免税权；最后当纳税人主动或被动不缴纳免税事项税款时则代表其行使免税权，从而获得税款上的利益。由此可见，免税资格是纳税人获得免税待遇的前提，而免税待遇是纳税人免税资格权实现的可能利益结果。为什么说是可能利益结果？因为免税资格作为一种资格权并不是免税待遇的充分条件，要想获得免税待遇，纳税人的税款还应当是税法规定的免税对象。如果纳税人仅具有免税资格，但纳税对象却不在免税范围内，则也获得不了免税待遇。以非营利性民办学校学费、住宿费收入为例，非营利性民办学校符合《企业所得税法》和《企业所得税法实施条例》规定的资格条件时则获得免税资格权，学费、住宿费收入符合前法规

---

〔1〕 盛世玲，吕朝贵. 纳税人，您是否清楚自己的权利 [J]. 山东人大工作，2000（02）：33.

定的免税对象时则获得免税权，当免税资格权和免税权具备时则可行使权利享受不缴税的利益结果。

二、免税实体权利的"同等"

马克思讲"权利，就它的本性而言，只在于使用同一尺度"，这句话说的是平等的权利主体应当使用同等尺度的权利，反之则是特权主体对无权主体的剥削和压迫。[1]《民办教育促进法》第 5 条规定"民办学校与公办学校具有同等的法律地位"，说明民办学校与公办学校是平等的权利主体；《民办教育促进法》第 47 条规定"非营利性民办学校享受与公办学校同等的税收优惠政策"，说明非营利性民办学校与公办学校的税收优惠权利是同一尺度。因实体权利蕴含特定的利益要素，所以非营利性民办学校应与公办学校一样享有同一尺度的实体权利。既然公办学校的学费、住宿费收入享有不征税实体权利，那么非营利性民办学校则应享有同等的免税实体权利，确保两者实体权利处于同一尺度。

（一）实体权利的内涵

权利的本质是国家、集体、公民之间利益的分配，法治国家将这种利益分配用法律工具予以确认和固定，从而保障权利的权威性和稳定性。首先，权利意味着实体权利，因为实体权利蕴含权利主体的利益，用法律的形式界定出权利的范围，并宣告公民权利神圣不可侵犯，可以有效保障利益分配和利益结果的公平正义。[2] 简言之，实体权利是指个人、组织或国家在法律规定的范围内，享有的具有实质性内容的权利，它不仅包括了对人身、财产、知识等方面的占有、使用、处分等具体权利，还涵盖了更广泛的权利领域，如个人自由与尊严、经济利益与财产安全、知识创新与文化发展、民主参与政治权利、国际交往与合作、人权保障与社会进步等。这些权利是人们在社会生活中不可或缺的，它体现了人类对自身价值和尊

---

〔1〕　康渝生，李楠明．当代中国马克思主义的生成与发展逻辑［M］．哈尔滨：黑龙江人民出版社，2006：320.

〔2〕　郭日君．论程序权利［J］．郑州大学学报（哲学社会科学版），2000（06）：18—22.

严的认同和尊重，是个人追求幸福和实现自我价值的重要保障；其次，实体权利也是社会进步和发展的关键因素，它促进了公平竞争、创新创造和社会和谐；此外，实体权利还是国家主权和法治的重要体现，保障了国家的安全和稳定，维护了社会的公平、正义和秩序；同时，实体权利的行使也需要遵循一定的原则和限制，个人在行使自己的实体权利时，应当尊重他人的权利，不得损害社会公共利益和他人的合法权益。

实际上，实体权利有其特征。一是主体性：实体权利是以权利主体的存在和意志为前提的，只有主体具有一定的法律地位和能力，才能享有和行使相应的实体权利。二是确定性：实体权利通常是由法律明确规定的，具有明确的权利内容和范围，权利主体可以依据法律规定主张和行使自己的权利。三是可救济性：当实体权利受到侵害或侵犯时，权利主体可以通过法律途径寻求救济，如提起诉讼、申请仲裁等，以维护自己的合法权益。[1] 四是排他性：在同一法律关系中，实体权利往往具有排他性，即同一实体权利不能同时为多个主体所享有，例如一份财产的所有权只能归属于一个人。五是稳定性：实体权利一旦确立，在一定时期内具有相对的稳定性，除非经过法定程序或有法定事由，否则不会轻易改变。

（二）公办学校的税收实体权利

依据《企业所得税法》第 7 条不征税规定，公办学校的学费、住宿费收入属于非营利性收入，属于不征税的范畴。所以对于公办学校而言，其学费、住宿费收入税费利益结果是不用缴税。理由是：根据《企业所得税法》第 7 条规定，依法收取并纳入财政管理的行政事业性收费属于不征税收入；《企业所得税法实施条例》第 26 条对该规定进行了解释"行政事业性收费，是指依照法律法规等有关规定，按照国务院规定程序批准，在实施社会公共管理，以及在向公民、法人或者其他组织提供特定公共服务过程中，向特定对象收取并纳入财政管理的费用"；而公办学校按规定收取学费、住宿费后实行"收支两条线"管理，即将收取的学费、住宿费上交财政管理，而后需要资金时通过审核途径获得财政拨款，属于该法规定的

---

〔1〕 王琳琳. 论私权及其体系化［D］. 吉林大学，2012.

不征税情形，可以不缴企业所得税，享受税费上的利益。[1]

从法理上分析，公办学校获得学费、住宿费收入方面的税款利益是其税收实体权利实现的结果。首先，公办学校拥有不征税资格。公办学校属于事业单位，当其登记为事业单位，并为实施社会管理提供教育公共服务时即取得不征税资格，享有不征税资格权。其次，公办学校的学费、住宿费收入属于纳入财政管理的费用，为税法规定不征税对象范畴。再次，公办学校具有不征税资格，且收取的费用属于不征税对象时即取得不征税权，而后不征税权得以实现，不用缴纳税款。

综上所述，公办学校拥有税法规定的不征税资格权和不征税权之实体权利。

（三）非营利性民办学校的同等免税实体权利

如果按照《企业所得税法》和《企业所得税法实施条例》不征税规定，非营利性民办学校的学费、住宿费收入确实不符合该条款规定的情形。但是如果按照《民办教育促进法》第47条规定的"同等税收优惠"，非营利性民办学校的学费、住宿费收入应当与公办学校一样不征税，不用缴纳税款。很显然，《民办教育促进法》与《企业所得税法》法条冲突了，如果仅仅按照法律冲突的上位法优于下位法解决办法无法得到解决，因为两者均是全国人大常委会颁发的法律，属于同一位阶。然而，根据《立法法》相关精神，不仅上位法优于下位法，而且新法优于旧法、特别法优于一般法。一方面，针对所有纳税人来说，《企业所得税法》属于一般法，而《民办教育促进法》属于特别法，当两者相冲突之时，《民办教育促进法》具有优先适用效力。另一方面，针对《企业所得税法》而言，《民办教育促进法》在2016年作了较大修正，属于新法，故亦有优先适用效力。

其实，我们还可以根据常识常理对"同等"作出解释，亦可得出合情合理的结论。既然不征税收入和免税收入的最终利益结果均是不用缴纳税款，那么完全可以把其同等解释为马克思所讲的"同一尺度"。根据《企

---

[1] 张培. 新高校财务制度视角下高校企业所得税的核算 [J]. 产业与科技论坛，2013，12（09）：46—48.

业所得税法》规定，符合条件的非营利性组织的收入为免税收入，那么非营利性民办学校的学费、住宿费收入只要符合该法规定的情形，就可以获得同等的免税权利，享有同等的税款利益。实际上，非营利性民办学校属于非营利性组织，具备税法规定的免税资格条件，拥有免税资格权；学费、住宿费收入属于非营利性收入，符合税法规定的免税对象范畴，享有免税权。

综上所述，非营利性民办学校享有与公办学校同等的实体权利。即，非营利性民办学校免税资格权对应公办学校不征税资格权，非营利性民办学校免税权对应不征税权，一一对应，实现权利同等。

三、免税程序权利的"同等"

权利的同等除了实体权利同等外，还应当在程序权利方面同等，这是因为实体权利的实现有赖于程序权利的支持。如果仅具有同等的实体权利，而没有同等的程序权利，那么有极大的概率因为程序权利缺失致使实体权利无法行使。最终的结果就是权利主体不能获得其所享有的实体权利中蕴含的利益要素。因此，按照马克思权利论述，同一尺度的权利包括程序权利。

（一）何为程序权利

所谓程序权利，是指为制约国家机关的权力，保障公民实体权利的实现，在一定的法律程序中为公民设定的权利。[1] 程序性权利是为了落实这些实体性权利而由主体享有的权利。[2]

相较于实体权利而言，程序权利具备以下几个特点。[3]

首先，程序权利的主体是公民（包括自然人、法人和非法人组织），义务主体是国家机关。公民的程序权利和国家机关的程序职责（义务）相互对立又相互统一，公民程序权利的存在以国家机关程序义务的存在为前

---

〔1〕 郭曰君. 论程序权利 [J]. 郑州大学学报（哲学社会科学版），2000（06）：18—22.
〔2〕 童之伟. 再论法理学的更新 [J]. 法学研究，1999（02）：1-19.
〔3〕 郭曰君. 论程序权利 [J]. 郑州大学学报（哲学社会科学版），2000（06）：18—22.

提。[1] 如果国家机关没有履行程序义务，损害了公民的程序权利，那么就应该承担相应的法律责任。我国著名的行政法学家应松年教授指出："在行政法律关系中，以行政机关和相对人分别作为一方，双方都有程序权利和义务。当我们探讨程序权利与义务是否独立存在，以及是否能够追究法律责任时，在实际生活中，相对人的程序义务，也就是行政机关的程序权利，实际上早已独立存在，并且会严格按照规定追究责任。这些程序义务大多是由单行的法规、规章所规定的。""由于相对人的程序义务通常由单行法规、规章规定并在实际中已经得到实施，因此，我们在讨论程序权利义务的独立性和法律责任时，实际上仅仅是指行政机关的程序义务和相对人的程序权利以及它们的法律责任问题。"[2]

其次，设定程序权利的目的是通过限制国家机关的权力来保障公民实体权利的实现。每一项实体权利都包含着具体的实体利益，程序权利是实体权利的自然延伸，但它并不直接包含具体的实体利益，对实体权利有一定的依赖性。

再次，程序权利具有相对的独立性。程序权利是实体权利的自然延伸，一旦通过法律确认，就具有相对的独立性，它不会因为实体权利的变化而变化。不同实体权利的救济可以通过行使同一程序权利来实现，同一实体权利的救济也可以通过行使不同的程序权利来实现。

最后，程序权利在一定的程序法中有规定，也需要在一定的法律程序中得以实现，离开了法律程序，就无所谓程序权利。程序权利和实体权利一样具有法律性。侵犯公民程序权利的行为也是违法行为，应当承担相应的法律责任。

（二）公办学校的税收程序权利

如本章第二节所述，公办学校的学费、住宿费收入享有两项税收实体权利：不征税资格权和不征税权。既然程序性权利是为了落实这两项实体权利而设定的权利类型，那么公办学校为实现这些实体权利享有哪些程序权利？需要明确的是，诉权类程序权利因不是本书论证重点，且公办学校

〔1〕 张丽艳.论程序选择权的生成与实现［D］.南京师范大学，2005.

〔2〕 应松年.行政程序立法的几个问题［J］.湛江师范学院学报，2005（02）：1—4.

税收诉求与非营利性民办学校的税收诉求的法律规定一致，所以本书不再赘述。实践中，除了诉讼法规定的诉权之外，公办学校享有与税收实体权利对应的两项程序性权利：一是不征税资格权免于认定权；二是不征税权自动行使权。

　　所谓不征税资格权免于认定权，是指纳税主体只要符合税法不征税条件规定的情形时，即可获得不征税资格权，不需要经过财税主管部门的审批认定。所谓不征税权自动行使权，是指纳税主体符合不征税条件，具有不征税资格后，且其收入属于税法规定的不征税对象时，即可自动行使不征税权，不需要向财税主管部门进行不征税申报。以公办学校的学费、住宿费收入为例，公办学校只要符合《企业所得税法》不征税规定，就不需要办理不征税资格认定即可拥有不征税资格权，而后自动享受不征税的待遇，不需要先向财税主管部门进行不征税申报。

　　实际上，公办学校享有的不征税资格权免于认定权和不征税权自动行使权具有正当性。就资格权而言，资格权本质上是对身份属性的认定，"是就是，不是就不是"，属于一种客观事实，这种事实并不需要通过任何主体认定，任何主体也决定不了这种身份事实。比如，年满18周岁的自然人是完全民事行为能力人，条件是年满18周岁，权利是完全民事权利。年满18周岁是一种客观事实，不需要去办理18周岁资格认定。同理，不征税资格权也是一样，只要符合条件，就获得该资格权，不需要办理认定。就不征税权而言，不征税权属于具有不征税资格权的公办学校自动享有的权利，这种权利并不是靠公办学校主动去行使，而是靠税务部门主动对待。如果税务部门不尊重公办学校的不征税权，对其学费、住宿费收入征收企业所得税，则构成对其不征税权的侵犯。此时，公办学校则应行使请求权，请求税务部门纠正侵权行为，承担侵权责任。

　　（三）非营利性民办学校的同等免税程序权利

　　同理，既然非营利性民办学校享有与公办学校同等的税收实体权利，那么为落实其免税实体权利也同样应当拥有相对应的程序权利。即，免税资格权免于认定权和免税权自动行使权。所谓免税资格权免于认定权，是指纳税主体符合税法规定的免税条件时，即可获得免税资格权，不需要向财税主管部门办理资格认定。所谓免税权自动行使权，是指纳税主体的收入符合税法规定的免税对象时，即可自动行使免税权，获得免税待遇，不需要先向财税主管部门进行免税申报。

实际上，非营利性民办学校享有免税资格权免于认定权和免税权自动行使权也极具正当性。一方面，非营利性民办学校属于《企业所得税法》第26条"符合条件的非营利组织的收入"规定的情形，客观拥有免税资格权；学费、住宿费收入属于《企业所得税法实施条例》第84条规定的免税对象，自动享有免税权。另一方面，因为《民办教育促进法》明确规定非营利性民办学校与公办学校具有同等法律地位，享有同等税收优惠，所以两者应当在实体权利和程序权利上均同等。既然公办学校享有的不征税资格权免于认定权和不征税权自动行使权极具正当性，那么非营利性民办学校也应当同等享有免税资格权免于认定权和免税权自动行使权。

四、办理"免税资格"的部门内部文件不具有对外适用效力

如上所述，非营利性民办学校享有与公办学校同等的税收权利，这种同等不仅反映在实体权利上的同等（不征税资格权—免税资格权，不征税权—免税权），更反映在程序权利上的同等（不征税资格权免于认定权—免税资格权免于认定权，不征税权自动行使权—免税权自动行使权）。然而，财税主管部门却置税法和基本法理于不顾，区别对待公办学校和非营利性民办学校的法定税收权利，特别是在"资格认定"方面最为明显。继财税主管部门2014年颁发《关于非营利组织免税资格认定管理有关问题的通知》后，2018年再次对该文件修改实施（财税〔2018〕13号），进一步加强对非营利性民办学校的免税资格认定管理。实际上，本书认为，该文件因违反法理而无效力。

（一）办理"免税资格"的文件属于内部通知，无对外适用效力

以"法律与政策的内在意蕴和外在表达"对财政部、税务总局《关于非营利性组织免税资格认定管理有关问题的通知》（财税〔2018〕13号）文件（以下称"财税〔2018〕13号通知"）展开全面的检视，所得出的准确、稳定、科学的结论是："财税〔2018〕13号通知"文件的性质是政

策。理由如下：第一，文件开篇"根据《中华人民共和国企业所得税法》第二十六条及《中华人民共和国企业所得税法实施条例》第八十四条的规定，现对非营利组织免税资格认定管理有关问题明确如下："的规定明确了本文件的制定目的是对法律和行政法规中"非营利性组织认定"的解释说明以及机关内部管理性规则。显然，通过文件的制定目的可以看出，该文件是财税主管部门为了指导和规范人们的行为，单方意志形成的管理性文件。该文件仅是明确非营利性组织免税资格认定的办理程序，便于人民办理相关事项时有确切的指引。所以，该文件的内在意蕴与内部通知相符。第二，文件的命名是"通知"，而以"通知"命名的规则主要是政策文件的外在表达方式。第三，文件的发布制定和公布主体是财政部和国家税务总局，虽然国务院所属部门可以制定部门规章，但是部门规章应当由部门首长签署命令予以公布，通常文件编号为"国家税务总局令第××号"，而本文件并不是财政部和国家税务总局部门首长以签署命令形式公布，且编号是"财税〔2018〕13号"，与部门规章的外在表达不符。综上所述，从"财税〔2018〕13号通知"文件的内在意蕴和外在表达两个方面检视，该文件与内部通知相契合，应然属于财税系统间的内部通知文件。

另外，从"财税〔2018〕13号通知"文件规制对象看，该文件属于内部通知。文件第一句"各省、自治区、直辖市、计划单列市财政厅（局）、国家税务部门、地方税务局，新疆生产建设兵团财政局："说明文件是面向下级财税机关发的，并未针对非营利性组织下发，属于财税系统的内部公文。

法理上，效力范围包括时间效力、空间效力、对人的效力、对事的效力。[1]

政策的时间效力和空间效力很容易识别，不再赘述。政策效力范围的难点、痛点在于对人的效力和对事的效力，特别是对事的效力。

要理解政策对人的效力和对事的效力，首先要先明白我国制度变迁的逻辑。在我国，某项制度的形成及演变逻辑极具中国特色，即按照自发秩

〔1〕 陈运生 . 法律冲突解决的方法论研究［D］. 山东大学，2017.

序→政策指引→先试先行→总结立法的逻辑。政策的颁布实施是为了某一目标对某些人、某些事进行指引，并不具有强制力。对于人民来讲，通过政策的指引能够让人们知道将来可以做什么以及将来怎么做的问题，但并不是要求人们必须这样做。因此，关于政策对人的效力，应当理解为政策指引人们可为或不可为，但对于政策制定者而言，如果人们为或者不为，制定者应当适用政策积极作为。关于对事的效力，应当理解为仅适用于人民主动发起事宜的依据，而不能是执法人员执法或者司法人员司法的依据。

以"财税〔2018〕13号通知"文件为例，该文件主要是为企业办理非营利组织免税资格提供指引。[1] 从对人的效力解析，如果企业想办理非营利组织免税资格，则应当按照文件要求准备材料到相应的税务部门办理，而税务部门收到企业的申请和材料后，应当按照文件要求予以办理。对于企业来讲，办理非营利性组织免税资格是可为的行为，当然也可以不办理，不办理也不会影响企业生而具有的免税权利，只是办理之后得到税务部门的备案而已。对于税务部门来讲，办理非营利性组织免税资格是应为的行为，一旦收到企业申请，且企业申请材料符合文件要求，税务部门就应当办理，否则就是违反政策的不作为行为。从对事的效力解析，该文件只是关于"非营利性组织免税资格"的管理性规定，只有企业发起申请，税务部门才有权并有义务按照文件办理；反之，如果企业没有发起申请，税务部门不能强制要求企业办理，更不能因为企业没有办理，就依据该文件否定企业的免税权利，并予以惩罚。同时，司法机关也不能将该文件作为裁判依据判定企业是否具有免税资格。

（二）办理"免税资格"的文件与税收法律法规相冲突

从个别地方案例来看，税务部门以"财税〔2018〕13号通知"文件为依据，否定非营利性民办学校事实上具有的免税资格权，违法对非营利性民办学校作出征收巨额企业所得税的处理决定，引发涉税风波，直接损害非营利性组织的财产权益，严重挫伤非营利性组织支持国家经济社会发展的积极性，尤其违背《民办教育促进法》和《国务院关于鼓励社会力量

---

[1]　蔡立东，田尧，李海平．团体法制的中国逻辑［M］．北京：法律出版社，2018.

兴办教育促进民办教育健康发展的若干意见》（以下称"国发〔2016〕81号意见"）对民办学校"实行非营利性和营利性分类管理，实施差别化扶持政策，积极引导社会力量举办非营利性民办学校"的立法精神和国家重大政策导向，冲击和侵消民办教育分类管理的国家重大改革举措和成效，应当立即废止。

首先，"财税〔2018〕13号通知"的制定主体不符合法律规定，应当予以废止。真正的制定主体应当是财政、税务主管部门和非营利性组织权责相关的国务院主管部门。按法理，"财税〔2018〕13号通知"谁来制定？制定什么？如何制定？应当有授权行为，这种授权行为包括法律授权或者委托授权。所谓法律授权，是指制定权表达在法律条文之中；所谓委托授权，是指具有制定权的主体以书面或者口头的形式将制定权委托给他者。根据"财税〔2018〕13号通知"开头规定，即根据《企业所得税法》第26条及《企业所得税法实施条例》（以下称"企税法实施条例"）第84条的规定可知，其制定权源于法律授权。但根据"企税法实施条例"第84条"前款规定的非营利组织的认定管理办法由国务院财政、税务主管部门会同国务院有关部门制定"，授权的主体是财政部、国家税务总局以及国务院有关部门。那为什么必须会同"国务院有关部门"，而不能单单由国务院财税主管部门自己制定呢？这是为了杜绝财税主管部门"既是运动员，又是裁判员"，防范财税主管部门之规则制定者的权力滥用行为，通过"多方主体参与"来实现"权力制衡"，保障公平公正。那"国务院有关部门"是哪些呢？显然，应当是与非营利组织权利义务相关的所有部门。如非营利性民办学校至少应当有教育部、民政部等；如非营利性医疗组织，就应该有卫健委等。然而，"财税〔2018〕13号通知"的制定主体仅为财政部、国家税务总局，抛开教育部、民政部，缺少上位法"企税法实施条例"规定的其他权利义务主体，不符合法律规定。

其次，"财税〔2018〕13号通知"的制定内容不符合法律授意，法律的真正授意是制定"非营利组织的认定程序办法"，而非"非营利性组织免税资格认定办法"，故该通知应当予以废止。如上，"财税〔2018〕13号通知"的制定内容应当符合法律授权范围，表达法律授权制定的意图。根据"企税法实施条例"第84条之规定，法律授权制定的是"非营利组织的认定管理办法",制定的意图是"为法律主体办理非营利性组织认定程序提供指引",而不是"非营利性组织免税资格认定"。这种意图得到"国发〔2016〕81号意见"的佐证,理由是:"国发〔2016〕81号意见"规定的"免税资格认定的权力"限于法律,而不是"财税〔2018〕13号通知"这种财税部门内部规范性文件。但事实上,"财税〔2018〕13号通知"制定的却是"非营利性组织免税资格认定"。也就是说,"企税法实施条例"第84条授权国务院财税主管部门会同"国务院其他部门"共同制定的是"非营利组织的认定管理办法",而财政部和国家税务总局却没有会同"国务院其他部门",制定"非营利性组织免税资格认定"管理办法。这种做法严重超越了法律授权范围。

同时,法律授权制定的应当是以"纳税主体准备材料、提出申请→接收主体审查审核→接收主体确认和备案→监督与奖惩"为核心的程序性规定,而"财税〔2018〕13号通知"却是围绕"非营利性组织免税资格的实体权利"限缩解释,并非是程序性规定,这也不符合法律和行政法规的授意。

再次,"财税〔2018〕13号通知"的条款内容增设纳税人实体权利负担,不符合税收正义,故该通知应当予以废止。税收政策因关系到公民、法人和其他组织的私人财产权和国家公共财产权的协调,不正义的税收政策难以被人们尊重和接受,甚至是抵制,从而影响国家政权的稳定和长治久安,所以制定和实施应当更加审慎、符合正义,而判断税收政策是否符合正义的重要标准为符合税收法定。遗憾的是,"财税〔2018〕13号通知"不仅与法律法规相冲突,还给纳税人的实体权利增添负担。关于"非营利性组织免税"的规定中,只有法律《企业所得税法》和行政法规"企税法实施条例"属于税收法定中的"法","财税〔2018〕13号通知"并不是法,只能算一个"内部规范性文件",无权规定或者约束纳税人的实体权利。另外,"财税〔2018〕13号通知"有多处剥夺纳税人的免税实体权利,增设纳税人权利负担的规定。如:将"企税法实施条例"第84条规定的"非营利性组织需要同时符合的条件"限缩解释(例:将非营利性组织范围限缩至事业单位、社会团体、基金会、社会服务机构、宗教活动场所、宗教院校等);增设"非营利组织免税优惠资格的有效期为五年"

"享受免税优惠的资格到期自动失效"等。因此，"财税〔2018〕13号通知"不但因不属于"法"而无权，还增设对纳税人的负担性规定，违背《立法法》有关规定。《立法法》第91条第2款规定："部门规章规定的事项应当属于执行法律或者国务院的行政法规、决定、命令的事项。没有法律或者国务院的行政法规、决定、命令的依据，部门规章不得设定减损公民、法人和其他组织权利或者增加其义务的规范，不得增加本部门的权力或者减少本部门的法定职责。"根据这一规定，"财税〔2018〕13号通知"作为财税主管部门内部规范性文件，在"没有法律或者国务院的行政法规、决定、命令的依据"的情况下，设定了"减损公民、法人和其他组织权利或者增加其义务的规范"，同时"增加了本部门的权力"，这种违反《立法法》和上位法精神的内部规范性文件显然没有对外的适用效力。

又次，"财税〔2018〕13号通知"的适用违反"溯及力"原则，应当予以废止。税收政策的"溯及力"，是指新颁布的税收政策对之前税收事项是否具有追溯适用效力。按法理，我国行政性政策应当遵循"不溯及既往"的原则。然而，"财税〔2018〕13号通知"的颁布时间为2018年2月7日，施行时间却为2018年1月1日，明显违反"不溯及既往"原则。而且，这种"生效"在前，"颁布"在后行为已不仅是违反"溯及力"原则，更是违背普适的常识常理。

最后，"财税〔2018〕13号通知"的适用范围任意扩张，以财税主管部门的内部"对话"来约束民众，因而该通知应当予以废止。最高人民法院《关于审理行政案件适用法律规范问题的座谈会纪要》（法〔2004〕96号）规定，"国务院部门以及省、市、自治区和较大的市的人民政府或其主管部门对于具体应用法律、法规或规章作出的解释……不是正式的法律渊源，对人民法院不具有法律规范意义上的约束力"。根据最高人民法院这一规定，可以肯定，"财税〔2018〕13号通知"对非营利性组织不具有强制约束力，仅具有指导性意义。但是因为"财税〔2018〕13号通知"开篇指出的下达对象是"各省、自治区、直辖市、计划单列市财政厅（局）、国家税务局、地方税务局，新疆生产建设兵团财政局"，所以"财税〔2018〕13号通知"属于财税主管部门的内部行政行为，只对财税系统发挥作用，不能强加给系统外的任何个人和组织。综合得出的正确结论是："财税〔2018〕13 号通知"为纳税人办理非营利组织免税资格提供指引，纳税人单位是否选择办理非营利性组织免税资格，并不排除其生而具有的免税实体权利；如果纳税人符合申请办理非营利组织免税资格，财税主管部门应当予以办理，否则承担不作为或乱作为的责任。如果"非营利性组织"不申请办理这种所谓的"免税资格"，非营利性组织享有的"免税权利"不得被剥夺。实践中，税务稽查部门以"财税〔2018〕13 号通知"为依据，剥夺非营利性组织的免税权利，是错误的适用税法依据，是对该文件的适用范围任意扩张。

五、办理免税资格的"财税〔2018〕13 号通知"属于变相行政许可

2015 年 4 月 24 日全国人大常委会修改《税收征收管理法》时，已经取消了税收减免的审批，废止了税收减免的行政许可，而"财税〔2018〕13 号通知"设立"免税资格"，规定只有纳税人向主管税务部门、财政机关申请免税资格，经审批取得免税资格后方能享受法律规定的税收减免，明显与全国人大常委会制定的法律和国务院有关行政法规相悖，阻碍了民办教育非营利性、公益性事业的可持续发展，亟待予以修正。

行政许可是指行政机关根据公民、法人或其他组织的申请，经过依法审查，准予其从事特定活动的行为。这是一种依申请的、管理性的行政行为，通常涉及颁发许可证或执照等形式，依法赋予特定的行政相对方从事某种活动或实施某种行为的权利或资格。行政许可的存在基于法律的一般禁止，通过行政机关的审批解除这种禁止，使行政相对方获得从事某些活动的资格。

第一，"财税〔2018〕13 号通知"设立了减免税行政许可。从字面理解，"财税〔2018〕13 号通知"已经明确，免税资格需要认定，在未认定免税资格时，非营利性组织不能享受税收减免。从内容看，根据"财税〔2018〕13 号通知"第 2 条"经省级（含省级）以上登记管理机关批准设立或登记的非营利组织，凡符合规定条件的，应向其所在地省级税务主管机关提出免税资格申请，并提供本通知规定的相关材料；……"以及第 2

条第 2 款"财政、税务部门按照上述管理权限，对非营利组织享受免税的资格联合进行审核确认，并定期予以公布"的规定，非营利组织免税必须申请免税资格认定，免税资格需要主管财政、税务部门联合审核确认，经审核确认资格后方能享受法律赋予的免税权利。

第二，法律已经取消税收减免的行政许可。2015 年 4 月 24 日全国人大常委会修改《税收征收管理法》第 33 条第 1 款为"纳税人依照法律、行政法规的规定办理减税、免税"，取消了减税、免税的行政审批。（注：2013 年《税收征收管理法》第 33 条第 1 款规定："纳税人可以依照法律、行政法规的规定书面申请减税、免税。减税、免税的申请须经法律、行政法规规定的减税、免税审查批准机关审批。……"）自 2014 年《国务院办公厅关于公开国务院各部门行政审批事项等相关工作的通知》建立行政审批目录清单管理制度起，清单之外各级税务部门均不得实施行政审批。经查，2015 年 8 月 18 日，《国家税务总局关于公布已取消的 22 项税务非行政许可审批事项的公告》（国家税务总局公告 2015 年第 58 号）明确取消了"符合条件的非营利组织享受免税收入优惠的备案核准"，并规定"各级税务部门应当全面落实取消 22 项税务非行政许可审批事项有关工作，不得以任何形式保留或者变相审批"。根据《国家税务总局关于全面实行税务行政许可事项清单管理的公告》（国家税务总局公告 2022 年第 19 号）第 2 条第 3 项的规定，即"严肃清查整治变相许可。各级税务部门要严格落实清单之外一律不得违法实施行政许可的要求，大力清理整治变相许可。在清单之外，以备案、证明、目录、计划、规划、指定、认证、年检等名义，要求税务行政相对人经申请获批后方可从事特定活动的，应当认定为变相许可，要通过停止实施、调整实施方式、完善设定依据等予以纠正"，各级税务机关在清单之外一律不得违法实施行政许可及变相实施行政许可，以备案、认证等名义要求税务行政相对人经申请获批后方可从事特定活动的，应当认定为变相行政许可，要停止实施，并调整实施方式予以纠正。

第三，"财税〔2018〕13 号通知"设定行政许可无上位法依据。《企业所得税法实施条例》第 84 条第 2 款规定："前款规定的非营利组织的认定管理办法由国务院财政、税务主管部门会同国务院有关部门制定。"国务院的该授权是基于 2015 年之前减免税需要审批的规定，在 2015 年修正的《税收征收管理法》实施之后，特别是 2015 年国务院推行行政许可清单之外，"不再保留非行政许可审批这一审批类别……不得以任何形式变相审批"后，该授权已丧失上位法依据，不应再执行。所以"财税〔2018〕13 号通知"设立"免税资格"，设立行政许可（至少可以定义为非行政许可审批）与全国人大法律、国务院行政法规规定相冲突，应予以废止。

此外，国务院于 2016 年颁发的"国发〔2016〕81 号意见"文件沿用原有财税部门免税资格认定术语，仍然表述为"非营利性民办学校与公办学校享有同等待遇，按照税法规定进行免税资格认定后，免征非营利性收入的企业所得税。"对此如何理解？我们认为，这是一种政策表述疏漏，不能因此得出非营利性民办学校必须要办理免税资格认定的结论。首先，回归于"国发〔2016〕81 号意见"文件本意，其意在于通过落实非营利性民办学校与公办学校同等税收优惠待遇来鼓励社会力量兴办非营利性民办学校，实现分类管理，所以表述存在言不达意之疏漏。其次，表述为"按照税法规定进行免税资格认定"是因为财税部门于 2014 年颁发的《财政部、国家税务总局关于非营利组织免税资格认定管理有关问题的通知》（财税〔2014〕13 号）引发诸多矛盾，严重挫伤了社会力量兴办非营利性民办学校的积极性。为了贯彻税收法定原则，消除社会矛盾，国务院以"按照税法"表述否定了"财税〔2014〕13 号"文件效力，且要求财税部门清理废止该文件。再次，国务院"按照税法"的表述是正确的，是贯彻税收法定原则的政策体现，但是"进行免税资格认定"的表述却与法律相冲突了，因为《企业所得税法》等税法将免税资格定性为一种天然的身份权利，只要具备非营利性组织身份即具有免税资格，无须再由税务机关和其他任何行政部门进行认定，这也是现在要取消免税资格认定的原因所在。另外，要历史辩证地看待"国发〔2016〕81 号意见"。该意见对于推动社会力量大力举办民办教育具有积极意义，只是其中关于"按照税法规定办理免税资格认定"的表述却存在历史局限性。这是因为，最新的《国务院办公厅关于全面实行行政许可事项清单管理的通知》（国办发〔2022〕2 号）第 1 条第 2 项规定"将依法设定的行政许可事项全部纳入清单管理，清单之外一律不得违法实施行政许可"，第 3 条第 9 项规定 "严肃清查整治变相许可。各地区、各部门要严格落实清单之外一律不得违法实施行政许可的要求，大力清理整治变相许可"，在此情况下，"国发〔2016〕81 号意见" 关于 "进行免税资格认定" 的表述与最新政策精神和实践走向不符，当然要以最新国家政策为准。最后，"国发〔2016〕81 号意见" 在性质上仍然属于政策文件，当其与法律冲突时，应当适用法律，修改政策。如上所述，非营利性民办学校属于税法上的非营利性组织，天然与其身份性质一同获有免税资格，无须再到税务部门办理免税资格认定。如果非要要求其办理免税资格认定，也应当是税务部门主动为其办理。毕竟这是税务部门为了自身管理方便而增设的，而非纳税人的法定义务，税务部门要做好服务，而不是增加纳税人的行政负担。

　　综上所述，"财税〔2018〕13 号通知" 是违背法理逻辑的不适当税收政策，且不符合法律授权，属于无效的部门内部规范性文件。因而，该通知对纳税人办理非营利性组织免税资格认定无强制约束力而不能适用。所以，财税主管部门应当尽快废止这一内部规范性文件，遵循税收正义和法治原则，按照法律授权制定新政策，激发和鼓励社会力量开办非营利性组织以大力兴办社会公益事业。

下篇　实务篇

第　六　章

关于长沙医学院"天价税案"的理性述评

2020 年"疫情防控"非常时期，税务部门对非营利性民办本科学校长沙医学院开出征收学生学费、住宿费企业所得税 3.5 亿元，并处滞纳金 2.7 亿元，总计 6.2 亿元的税务处理决定。现对该"天价税案"予以理性述评。

一、案情简介

长沙医学院是经教育部批准设立的全日制普通本科学校，是在民政部门登记的民办非企业单位。业务范围包括全日制医学高等教育教学和科研、非营利性后勤服务设施（运动馆所、师生公寓、招待所、商店、食堂、澡堂、理发、洗衣、医疗、邮电等机构）。按照民办学校分类登记相关要求，湖南省民办学校分类登记截止日期为 2022 年 8 月 31 日，长沙医学院在分类登记完成前按照非营利性民办学校进行管理，长沙医学院在章程中也明确"学校是经国家教育部批准设立的全日制非营利性民办普通高等学校"。

2020 年 11 月 5 日，当地税务部门向长沙医学院下发《税务检查通知书》，决定对该校 2016 年 1 月 1 日至 2020 年 9 月 30 日涉税情况进行检查。

2021 年 5 月 6 日，当地税务部门下达《税务事项通知书》，将初步检查发现的涉税问题告知长沙医学院，并要求其予以核对。该《税务事项通知书》主要内容为：根据《中华人民共和国企业所得税法》、《中华人民共和国企业所得税法实施条例》、《财政部、国家税务总局关于非营利组织企业所得税免税收入问题的通知》（财税〔2009〕122号）、《财政部、国家税务总局关于财政性资金、行政事业性收费、政府性基金有关企业所得税政策问题的通知》（财税〔2008〕151号）的相关规定，长沙医学院应补缴企业所得税3.5亿元，且依法加收相应的滞纳金2.7亿元。

据长沙医学院介绍，上述补缴的企业所得税税款主要是学费、住宿费收入。2021年5月12日，长沙医学院向当地税务部门递交了计税告知事项回复材料。当地税务部门对相关问题再次进行检查复核后，于2021年5月13日下达《税务事项通知书》，对长沙医学院的解释所涉及的事项告知如下：

（一）长沙医学院学费收入未纳入财政预算管理也未进入财政预算外资金专户管理，且民办学校学费收入不属于企业所得税免税收入范围，根据《中华人民共和国企业所得税法》、《中华人民共和国企业所得税法实施条例》、《财政部、国家税务总局关于财政性资金、行政事业性收费、政府性基金有关企业所得税政策问题的通知》（财税〔2008〕151号）、《财政部、国家税务总局关于非营利组织企业所得税免税收入问题的通知》（财税〔2009〕122号）的规定，无论是否取得非营利组织免税资格，长沙医学院取得的学费收入都不属于企业所得税免税收入，应并入学院收入总额征收企业所得税。

（二）公办学校取得的符合条件的学费收入属于政府非税收入，是政府财政收入的重要组成部分，财政主管部门按照"收支两条线"管理办法对学费收入进行管理，学校收到时要及时上缴财政专户，不能直接作为学校的事业收入，学校使用资金时向主管财政部门提出书面申请，学校收入财政专户核拨资金时记入事业收入，是不征税收入，而不属于企业所得税免税收入。长沙医学院取得的学费等收入实行的是"自收自支"，自主支配，未全额纳入财政预算管理也未进入财政预算外资金专户管理，故无论其是记入事业收入还是营业收入，都属于应税收入，且未在财税〔2009〕122号通知列举的免税收入范围，故取得的所有收入应全额纳入企业所得税应税收入。

（三）公办学校取得的符合条件的学费收入已纳入财政预算管理，属于企业所得税的不征税收入，而长沙医学院的学费收入未纳入财政预算管理也未进入财政预算外资金专户管理，属于企业所得税应税收入，应该依法征收企业所得税。因此，经核实并请示上级税务部门所得税处，长沙医学院要求学费等收入不征收企业所得税，与税法规定不符，不予采纳。

2021年5月12日，长沙医学院向湖南省教育厅提交了《关于免征长沙医学院学费收入企业所得税的报告》，报告当地税务部门要征收长沙医学院学费收入企业所得税，请求协调不予征收。

2021年5月19日，湖南省教育厅向湖南省税务局发送《关于请求协调对长沙医学院学费收入免征企业所得税的函》，认为"目前公办学校的学费收入是免征企业所得税的，根据相关法律法规规定，结合长沙医学院的法人属性、办学章程及办学实际，长沙医学院应当与公办学校一样，享受免征学费收入企业所得税的优惠政策"，恳请协调当地税务部门不征收长沙医学院学费收入的企业所得税。2021年6月25日，湖南省教育厅函请省人大常委会法制工作委员会就非营利性民办学校被征收学费收入的企业所得税是否符合相关规定予以明确。

2021年7月18日，教育部财务司致中国民办教育协会《关于请求协调落实民办学校同等税收优惠待遇，学费免交企业所得税的函》的回函，认为非营利性民办学校学费等收入不属于企业所得税征税范围。一是非营利性民办学校依法应与公办学校享受同等的税收待遇。非营利性民办学校学费和住宿费与公办学校上述费用性质相同、用途相同、结余管理方式相同，应享受同样的税收优惠政策。二是非营利性民办学校属于享受税收优惠的"符合条件的非营利组织"。非营利性民办学校是在民政部门登记的民办非企业单位，为从事非营利性社会服务活动的社会组织，符合《中华人民共和国企业所得税法》第26条和《中华人民共和国企业所得税法实施条例》第84条有关非营利组织的条件和免税资格认定条件，其有关收入应为免税收入。

2021年8月20日，全国人大常委会法制工作委员会办公室向湖南省人大常委会法制工作委员会函复《对民办教育促进法第四十七条有关问题的意见》（法工办发〔2021〕360号），认为非营利性民办学校按照企业所得税法及其实施条例规定进行免税资格认定后，应当享受与公办学校同等的税收待遇，免征非营利性收入的企业所得税。某项收入是否属于非营利性收入，非营利性民办学校学费收入是否属于"符合条件的非营利组织的收入"，应当依照有关法律、法规的规定办理。

同日，全国人大常委会法制工作委员会办公室对有关代表的建议作出《对民办教育促进法等有关代表建议的答复》（法工办发〔2021〕361号），答复如下。主要内容为：一、对民办学校实行的税收政策应体现差别化扶持、鼓励举办非营利性民办学校这一政策导向；二、非营利性民办学校按照企业所得税法及其实施条例规定进行免税资格认定后，应当享受与公办学校同等的税收待遇，免征非营利性收入的企业所得税；三、非营利性民办学校学费收入是否属于"符合条件的非营利组织的收入"，能否免税，属于法律的具体操作执行问题，应当依照有关法律、法规的规定办理。针对目前有关方面对非营利性民办学校学费收入是否征收企业所得税认识不一致的问题，我们已与财政部、国家税务总局进行了沟通，建议其会同有关部门，根据法律规定的原则精神进一步明确非营利性民办学校应享受的税收优惠，充分体现鼓励支持举办非营利性民办学校的政策导向。

2022年1月13日，当地税务部门做出《税务处理决定书》，认为长沙医学院在年度企业所得税申报时，存在"将教育事业收入、门面租金收入及其他收入等按规定不应作为不征税收入的金额进行了纳税调整减少处理，不符合税法规定"等违法事实，违反了《中华人民共和国企业所得税法》第6条和《财政部、国家税务总局关于财政性资金、行政事业性收费、政府性基金有关企业所得税政策问题的通知》（财税〔2008〕151号）第2条的相关规定，决定追缴长沙医学院少缴的企业所得税3.5亿元，对未按期缴纳的税款从税款缴纳期限届满次日起至实际缴纳税款之日止，按日加收滞纳税款万分之五的滞纳金，当时滞纳金达到2.7亿元。

2022年3月22日，当地税务部门向长沙医学院下达《税务事项通知书》，责令长沙医学院于2022年3月29日前限期缴纳税款及相应滞纳金（包括企业所得税、房产税、印花税、增值税等）。

2022年3月24日，因不服该税务处理决定，长沙医学院向上级税务部门申请行政复议，请求撤销当地税务部门作出的《税务处理决定书》。具体理由是：长沙医学院作为非营利性民办学校，应当享受与公办学校同等的税收优惠政策；本案征税环节可能存在的错误并非因为长沙医学院的原因而产生，不属于法定应当加收滞纳金的情形。

2022 年 3 月 31 日，上级税务复议机关作出《不予受理行政复议申请决定书》，认为长沙医学院尚未依照税务机关的纳税决定缴纳或者解缴税款及滞纳金，也未提供有效的纳税担保，决定不予受理。

2022 年 4 月 1 日，当地税务部门向长沙医学院下达《催告书（行政强制执行适用）》，要求长沙医学院自收到该催告书之日起 10 日内履行《税务处理决定书》义务，应缴纳税款及滞纳金；逾期仍未履行义务的，本机关将依法强制执行。

长沙医学院已经通过法律途径维护师生合法权益。

本案争议的焦点是，是否应向包含长沙医学院在内的非营利性民办学校的学费、住宿费收入追缴企业所得税。

二、关于案件的法律意见

依据《中华人民共和国民法典》（下称《民法典》）、《中华人民共和国民办教育促进法》（下称《民办教育促进法》）、《中华人民共和国税收征收管理法》（下称《税收征收管理法》）、《中华人民共和国立法法》（下称《立法法》）、《中华人民共和国企业所得税法》（下称《企业所得税法》）、《中华人民共和国行政诉讼法》（下称《行政诉讼法》）、《中华人民共和国民办教育促进法实施条例》（下称《民办教育促进法实施条例》）、《中华人民共和国企业所得税法实施条例》（下称《企业所得税法实施条例》）、《民办非企业单位登记管理暂行条例》、《国务院关于鼓励社会力量兴办教育促进民办教育健康发展的若干意见》、《湖南省民办教育收费管理办法》、《湖南省人民政府关于鼓励社会力量兴办教育促进民办教育健康发展的实施意见》等有关法律法规的相关规定，提出如下法律意见：

根据《民办教育促进法》第 47 条的明确规定，即"非营利性民办学校享受与公办学校同等的税收优惠政策"，对非营利性民办学校学费、住宿费收入应该不征税或者免税。即便长沙医学院学费、住宿费收入不能视为不征税收入，也应根据其公益性质而作为《企业所得税法》规定的"符合条件的非营利组织的收入"的免税收入。当地税务部门所做的征税结论存在适用法律依据不准确，应依照而未依照法律和行政法规的规定进行处理的问题，也存在未遵循新法优于旧法、上位法优于下位法、特别法优于一般法等原则，与《立法法》第91条的相关规定不符等问题，其要求长沙医学院补缴企业所得税的决定不能成立。在这种情况下，可以就这些与上位的法律或行政法规不一致的规范性文件，向全国人大常委会或相关司法部门提出审查建议。或在行政诉讼中，可以根据《行政诉讼法》第53条的规定，请求法院对征税决定依据的有关规范性文件进行审查。

三、案件焦点问题分析

（一）根据《民办教育促进法》规定的"同等的税收优惠政策"，对非营利性民办学校的学费、住宿费收入应是不征税或者免税

公益性是教育的本质属性，在这方面，民办学校和公办学校并无区别，相关法律也有明确规定。《民办教育促进法》第3条第1款明确规定："民办教育事业属于公益性事业，是社会主义教育事业的组成部分。"第5条规定："民办学校与公办学校具有同等的法律地位，国家保障民办学校的办学自主权。国家保障民办学校举办者、校长、教职工和受教育者的合法权益。"第19条第2款规定："非营利性民办学校的举办者不得取得办学收益，学校的办学结余全部用于办学。"《民办教育促进法实施条例》第4条进一步要求民办学校要"坚持社会主义办学方向，坚持教育公益性"。

基于非营利性民办学校的公益属性和非营利性，为了更好地促进民办教育事业健康发展，《民办教育促进法》第47条明确规定，"非营利性民办学校享受与公办学校同等的税收优惠政策"。法理上，这一规定属于法律拟制，即将非营利性民办学校拟制为公办学校，使其产生与公办学校相同的法律后果，在同等条件下享受公办学校的税收待遇。在目的上，该规定系推进民办学校分类管理改革，保障非营利性民办学校与公办学校法律地位平等，促进两者公平竞争的重要举措。

公办学校的学费、住宿费收入属于法定不征税范围。2006年5月，教育部、国家发展和改革委员会、财政部印发的《关于进一步规范高校教育

收费管理若干问题的通知》明确公办高等学校的学费、住宿费在性质上为行政事业性收费。

2017 年财政部发布的《全国性及中央部门和单位行政事业性收费目录清单》中，也明确将公办高等学校的学费、住宿费定性为行政事业性收费。按照《企业所得税法》第 7 条规定，"依法收取并纳入财政管理的行政事业性收费"为不征税收入。依照《民办教育促进法》有关规定，长沙医学院作为非营利性民办学校（按照《民办学校分类登记实施细则》第 7 条规定，长沙医学院系在民政部门登记的民办非企业单位，为从事非营利性社会服务活动的社会组织。同时，按照民办学校分类登记相关要求，湖南省民办学校分类登记截止日期为 2022 年 8 月 31 日，长沙医学院在分类登记完成前按照非营利性民办学校进行管理），应与公办学校具备同等税收法律地位，其学费、住宿费收入属于不征税收入范围是"享受与公办学校同等的税收待遇"的应有之义。而且对长沙医学院的学费、住宿费收入征税，涉及信赖保护原则。长期以来，非营利性民办学校学费、住宿费的收取由《民办教育收费管理暂行办法》（2020 年 3 月废止）调整，该条例第 12 条规定，"民办学校取得的合法收费收入应主要用于教学活动和改善办学条件"；《湖南省民办教育收费管理办法》第 13 条更是规定，"出资人不要求取得合理回报的民办学校，其收费按行政事业性收费管理"。

基于此，长沙医学院有合理依据相信其学费、住宿费收入可以作为行政事业性收费在计算应纳税所得额时扣除，而无须经过税务部门的免税资格认定等行政管理要求。在此情形下，长沙市相关税务机关未经事先通知，对非营利性民办学校学费、住宿费收入征收企业所得税的行为，破坏了行政管理活动的明确性、稳定性和连贯性，损害了包括长沙医学院在内的非营利性民办学校的信赖利益。

当然，由于组织形态分类和财务管理上的不同，即便也有看法认为民办学校的学费、住宿费不宜认定为行政事业性收费，不能纳入法定不征税收入范围，但非营利性民办学校在法律法规上归属"非营利组织"，其学费、住宿费收入如果属于《企业所得税法》规定的"符合条件的非营利组织的收入"，应享受"免税收入"的优惠政策（关于这一点下文将具体阐述）。从税收待遇实际效果看，不征税收入与免税收入在减免税效果上完全相同，从而实现《民办教育促进法》规定的"同等的税收优惠政策"。

（二）非营利性民办学校的学费、住宿费收入符合税法规定的"符合条件的非营利组织的收入"，应当认定为免税收入

《企业所得税法》第26条第4项规定，"符合条件的非营利组织的收入"为免税收入。有鉴于此，我们认为，即便长沙医学院取得的学费、住宿费收入不能视为不征税收入，也应根据其公益性质而作为"符合条件的非营利组织的收入"予以免税。

首先，长沙医学院属于"符合条件的非营利组织"。《企业所得税法实施条例》第84条对"符合条件的非营利组织"的标准和条件作出了具体规定，一共八项。即"（一）依法履行非营利组织登记手续；……（三）取得的收入除用于与该组织有关的、合理的支出外，全部用于登记核定或者章程规定的公益性或者非营利性事业；……"。长沙医学院在法人属性、收入分配模式等方面符合该条规定的非营利组织的资格认定条件。

其次，长沙医学院取得的学费、住宿费属于"符合条件的非营利组织的收入"。《企业所得税法实施条例》第85条进一步明确"符合条件的非营利组织的收入"，指的是"不包括非营利组织从事营利性活动取得的收入，但国务院财政、税务主管部门另有规定的除外"。因此，要界定长沙医学院的学费、住宿费收入是否属于免税收入，关键在于判断其是否属于营利性活动取得的收入。我国《民间非营利组织会计制度》将民间非营利组织的收入按其来源分为捐赠收入、会费收入、提供服务收入、政府补助收入等形式，并将学费、住宿费在内的民间非营利组织根据章程等规定向其服务对象提供服务取得的收入划归为"提供服务收入"。其中，学费是非营利性民办学校为实现其公益目的和特定社会使命开展业务活动取得的收入，住宿费则是为确保其持续提供公益性社会服务、实现其公益性目的不可或缺的收入，两者在性质上均不构成营利性收入，属于"符合条件的非营利组织的收入"。

此外，《国务院关于鼓励社会力量兴办教育促进民办教育健康发展的若干意见》（国发〔2016〕81号）第14条也明确规定，"非营利性民办学校与公办学校享有同等待遇，按照税法规定进行免税资格认定后，免征非营利性收入的企业所得税"。同时，也确定了非营利性民办学校的"非营

利性收入"的免税地位。这一点也在全国人大常委会法工委的有关回复（法工办发〔2021〕360号、法工办发〔2021〕361号）中得到明确，即"非营利性民办学校按照企业所得税法及其实施条例规定进行免税资格认定后，应当享受与公办学校同等的税收待遇，免征非营利性收入的企业所得税"。

其三，从收入的用途上看非营利性民办学校的学费、住宿费收入也应该予以免税。长沙医学院作为非营利性民办学校，实现了《民办教育促进法》第19条规定的"举办者不得取得办学收益，学校的办学结余全部用于办学"。其章程第79条规定："学校办学经费包括合法的社会融资、社会捐赠及举办者自筹资金和学生学费，自筹资金由举办者筹集，举办者不要求取得合理回报，不能享受分红，不能从办学经费结余中取得任何收益，所有办学经费结余只能用于再投资办学。"此时，举办者的出资可被视为捐赠，终止清算后的剩余资产捐赠用于其他非营利性办学。这表明非营利性民办学校与公办学校一样都具有明显的公益性、无回报性特征。因此，非营利性民办学校提供教育服务应当属于从事非营利性活动，其取得的学费、住宿费纯粹服务于教育用途，属于从事非营利性活动取得的收入。

其四，从横向的制度对比观察，非营利性民办学校的学费、住宿费收入也应该予以免税。《财政部、国家税务总局关于医疗卫生机构有关税收政策的通知》（财税〔2000〕42号）规定，"对非营利性医疗机构按照国家规定的价格取得的医疗服务收入，免征各项税收"；科技和养老服务领域也有类似规定，基于同样的公益目的导向逻辑，税务部门也不应在适用法律的时候进行差别对待，否则便违反了公平税负原则。

其五，从横向税收征管实践和纵向民办学校发展历程来看，非营利性民办学校的学费、住宿费收入也应该予以免税。一是从民办学校发展历史来看，国家支持鼓励社会力量兴办非营利性民办教育发展。在分类登记完成之前，国家一直未对不取得合理回报的非营利性民办学校征缴学费、住宿费的企业所得税。现在国家政策明确在税收上要扶持非营利性办学，在以往的税收征管实践中尚未启动对非营利性民办学校征缴学费、住宿费企业所得税；二是从横向对比来看，由于各省民办学校分类登记政策落实的差异，全国各地税务部门尚没有启动对非营利性民办学校学费、住宿费开展企业所得税征缴工作。

其六，从社会效果上看，非营利性民办学校的学费、住宿费收入也应该予以免税。如果对于非营利性民办学校的学费、住宿费收入也采取与营利性民办学校的学费、住宿费收入同样的企业所得税政策，在一定程度上就否定了非营利性民办学校的独有价值和社会功能，必然将更多的民办学校推向了营利性民办学校的办学方向。这不仅有违我国民办学校分类选择的改革初衷，也将打击许多民办学校举办者长期办学的积极性，更会给当下诸多非营利性民办学校的正常运行带来巨大困难。

（三）本案中，当地税务部门所做的征税结论适用法律依据存在偏差

本案中，当地税务部门主要基于《财政部、国家税务总局关于非营利组织企业所得税免税收入问题的通知》（财税〔2009〕122号）（下称财税〔2009〕122号文），认为学费、住宿费并非免税收入，并同时依据《财政部、税务总局关于非营利组织免税资格认定管理有关问题的通知》（财税〔2018〕13号）（下称财税〔2018〕13号文），称长沙医学院未取得"免税资格"，认为无论是否取得免税资格，其学费、住宿费收入都不属于企业所得税免税收入。同时，该局进一步结合《企业所得税法》第7条"依法收取并纳入财政管理的行政事业性收费"的要求，为长沙医学院的学费、住宿费收入既未纳入财政预算管理，也未进入财政预算外资金专户管理，进而否认其不征税或免税收入的属性。也就是说，无论民办学校是营利性还是非营利性，其学费、住宿费都属于应税收入，这显然不符合法律规定。

对此，我们认为，上述结论在逻辑上不成立，适用依据上亦存偏差，既存在适用法律依据不准确，应依照未依照法律和行政法规的规定进行处理的问题，也存在未遵循新法优于旧法、上位法优于下位法、特别法优于一般法等原则，与《立法法》第91条的相关规定不符等问题。具体如下：

第一，适用法律依据不准确，应依照未依照法律和行政法规的规定进行处理。本案中，当地税务部门向长沙医学院征收学生学费、住宿费收入企业所得税主要依据财税〔2009〕122号文、《财政部、国家税务总局关

于财政性资金、行政事业性收费、政府性基金有关企业所得税政策问题的通知》（财税〔2008〕151号）、财税〔2018〕13号文，未适用《企业所得税法》第26条，《民办教育促进法》第47条，《企业所得税法实施条例》第84条、第85条，而这些未被适用的法律法规是判断长沙医学院是否应当缴纳学历教育学生学费、住宿费收入企业所得税的关键性规定。而《税收征收管理法》第3条规定："税收的开征、停征以及减税、免税、退税、补税，依照法律的规定执行；法律授权国务院规定的，依照国务院制定的行政法规的规定执行。任何机关、单位和个人不得违反法律、行政法规的规定，擅自作出税收开征、停征以及减税、免税、退税、补税和其他同税收法律、行政法规相抵触的决定。"这是税收法定原则。根据这一规定，国家开征、停征以及减税、免税等政策只能由法律和行政法规来予以规定，除此之外的地方性法规、部门规章、规范性文件等，就开征、停征以及减税、免税事项，不能作出与法律和行政法规相抵触的规定。全国人大常委会法工委作出的《对民办教育促进法等有关代表建议的答复》（法工办发〔2021〕361号）中明确指出："三、非营利性民办学校学费收入是否属于'符合条件的非营利组织的收入'，能否免税，属于法律的具体操作执行问题，应当依照有关法律、法规的规定办理。……"该项回复看起来没有明确说明非营利性民办学校学费收入是否属于"符合条件的非营利组织的收入"，但从其明示的法律依据来看，就是要"依照有关法律、法规的规定办理"，即便要依据有关的部门规章或规范性文件，这些部门规章或规范性文件在减税、免税等政策的规定上也必须与有关的法律、行政法规相一致。与本案有关的财政部、税务总局的相关文件，属于部门规范性文件。因此，无论是按照《税收征收管理法》第3条的规定，还是按照法工办发〔2021〕361号第3项的内容，在本案的税收纠纷中，均应依照法律和行政法规的规定进行处理。即便要适用有关部门规范性文件，也必须与法律和行政法规相一致，否则不能适用。

第二，应当按照特别法优于一般法、新法优于旧法的原则，以新的、特别规定为准。《企业所得税法》第7条"依法收取并纳入财政管理的行政事业性收费"为不征税收入的规定，在性质上属于法律。当"纳入财政管理"的规定与《民办教育促进法》关于"非营利性民办学校享受与公办学校同等的税收优惠政策"规定冲突时，应当按照特别法优于一般法、新法优于旧法的原则，以新的、特别规定为准。《企业所得税法》第 7 条规定系 2007 年制定的旧的、一般规定，而《民办教育促进法》第 47 条规定系 2016 年该法修改后新的、特别规定，应当优先适用。

第三，应当遵循上位法优于下位法的原则，以《民办教育促进法》这一上位法规定为准。财税〔2009〕122 号文和财税〔2018〕13 号文在性质上属于效力位阶较低的部门规范性文件，这两个文件的效力位阶都不及于法律。当两个文件与《民办教育促进法》等规定冲突时，应当遵循上位法优于下位法的原则，以《民办教育促进法》这一上位法规定为准。

首先来看财税〔2009〕122 号文。其主要内容是，根据《企业所得税法》第 26 条及《企业所得税法实施条例》第 85 条的规定，将符合条件的非营利组织企业所得税免税收入范围明确为五个方面。据此可以认为，财税〔2009〕122 号文是对《企业所得税法》第 26 条和《企业所得税法实施条例》第 85 条的解释，在性质上属于行政解释。这一文件颁布时间远早于《民办教育促进法》，其规定的免税范围符合当时的要求，但随着民办教育事业的发展，客观情况已经发生很大变化，因此才出台《民办教育促进法》，并且第 47 条明确规定"非营利性民办学校享受与公办学校同等的税收优惠政策"。根据这一规定，包括长沙医学院在内的非营利性民办学校的学费、住宿费是属于税法上的非营利性组织的非营利性收入，符合《企业所得税法》第 26 条及《企业所得税法实施条例》第 85 条规定的要求。在这种情况下，这一规范性文件就面临是否需要修改的问题。在新形势下，假如不明确非营利性民办学校学费、住宿费收入是否应该纳入免税范围，不仅会造成法律冲突问题，也会在司法实践中引起很大争议，导致各地税务机关采取不同的做法。存在的问题有：一是在文义上会造成与法律规定相抵触。只要是非营利组织的非营利性收入，都属于免税收入范围，而非营利性民办学校的学费收入明显不是营利性活动收入。但是依据财税〔2009〕122 号文，学费也是属于营利性活动收入，明显将非营利性民办学校的教学活动视为营利性活动，这会导致与《民办教育促进法》《企业所得税法》关于"营利性""非营利性"的含义完全不符。二是对免税收入的范围列举不全。随着社会发展，该文中列举的五项收入范围是大大小于"营利性活动收入"之外的"非营利组织的收入"的范围,《企业所得税法实施条例》第85条仅授权财政、税务主管部门对哪些营利性收入可以免税作出例外规定,没有授权其对从事非营利活动取得收入的免税范围进行限定。这实际与《税收征收管理法》第3条第2款"任何机关、单位和个人不得违反法律、行政法规的规定,擅自作出税收开征、停征以及减税、免税、退税、补税和其他同税收法律、行政法规相抵触的决定"的规定不符。三是免税收入范围的认定在目的上缺乏内在协调性。例如,对于非营利性民办学校来说,不须付出任何成本代价的"接受其他单位或者个人捐赠的收入",可以作为免税收入;而付出教学活动成本代价的学费收入,却不能作为免税收入。还比如"按照省级以上民政、财政部门规定收取的会费,享受免税收入优惠",会费与学费从性质上讲差异不大,没必要在免税政策上进行差异设置。四是与《立法法》的规定相抵触。《立法法》第91条第2款规定:"部门规章规定的事项应当属于执行法律或者国务院的行政法规、决定、命令的事项。没有法律或者国务院的行政法规、决定、命令的依据,部门规章不得设定减损公民、法人和其他组织权利或者增加其义务的规范,不得增加本部门的权力或者减少本部门的法定职责。"如果非营利性民办学校的非营利性收入应属于免税范围,而财税〔2009〕122号文没有明确列举,导致其未能免税,存在"减损公民、法人和其他组织权利或增加其义务"的问题,并且没有"法律或者国务院的行政法规、决定、命令的依据",与《立法法》的这一规定不符。

基于此,有两种解决办法。一种是若要使得财税〔2009〕122号文符合上位法的规定,只能对其内容进行如此理解:财税〔2009〕122号文不具有封闭性,只是列举了一些并不是"非营利组织从事营利性活动取得的收入"因而属于免税收入的情况,并不是说免税收入就限于这几项,否则财税〔2009〕122号文就在实质上对《企业所得税法》及其实施条例规定的非营利组织免税收入范围做了明确限定,在没有授权依据的情况下减损了纳税人的权利、增加了纳税人的义务;与此同时,这也会违反《民办教育促进法》、《民办教育促进法实施条例》和《国务院关于鼓励社会力量兴办教育促进民办教育健康发展的若干意见》(国发〔2016〕81号)等上位规范的明确要求。第二种解决办法是针对财税〔2009〕122号文,向全国人大常委会或相关司法部门提出审查建议。或者长沙医学院在行政诉讼中，可以依据《行政诉讼法》第53条的规定，请求法院对征税决定依据的有关规范性文件进行审查。

其次来看财税〔2018〕13号文。长沙医学院是否取得免税资格，及其取得的学费、住宿费收入是否纳入财政管理，仅是行政管理中的一环，并非判明长沙医学院适格主体及其学费、住宿费收入应否纳税的问题，更不会影响长沙医学院非营利组织的性质，也不会改变学费、住宿费收入作为不征税收入或免税收入的性质。而且财税〔2018〕13号文第2条虽然要求非营利组织应向其所在地税务主管机关办理免税资格认定，但由于该通知没有与国家民政部门联合发布，以及在税收征管实践中在民办学校领域并没有真正开展，长期以来税务部门也没有实际追缴税款，基于信赖利益保护原则，不能以没有办理免税资格认定，而剥夺纳税人税法上的实体权利。

根据1998年国务院令第251号《民办非企业单位登记管理暂行条例》第2条规定，登记为民办非企业单位，即是从事非营利性社会服务活动的社会组织。长沙医学院符合这一规定，属于民办非企业单位。《财政部、国家税务总局关于非营利组织免税资格认定管理有关问题的通知》（财税〔2014〕13号）（下称财税〔2014〕13号文）第1条第1款列明依据该通知认定的符合条件的非营利性组织包括依照国家有关法律法规设立或登记的民办非企业单位。财税〔2018〕13号文第1条第1款列明依据该通知认定的符合条件的非营利性组织包括依照国家有关法律法规设立或登记的社会服务机构。二者是一致的，社会服务机构这一概念更能体现民办非企业单位从事公益、非营利性的特点。财税〔2014〕13号文和财税〔2018〕13号文制定依据主要是《企业所得税法实施条例》第84条关于"前款规定的非营利组织的认定管理办法由国务院财政、税务主管部门会同国务院有关部门制定"的规定。《企业所得税法实施条例》第84条之所以作出这一规定，目的是防止企业利用有关非营利性组织优惠政策而冒充非营利性组织逃避纳税义务，并非是给符合条件的非营利性组织设定门槛和障碍。免税是实体权力，免税资格认定是程序问题。长沙医学院的学费、住宿费作为非营利性组织的非营利性收入符合免税资格认定条件，其没有在规定期限申请免税资格认定，是基于实践中并未实际开展的认识而非故意造成的，但是免税实体权利始终没有丧失。

综上所述，我们认为，长沙医学院学费、住宿费收入属于国家法律法规规定的非营利组织的非营利性收入，依据法律法规规定应当予以免税。当地税务部门所做的征税结论属于适用法律依据存在偏差，其要求长沙医学院补缴企业所得税不能成立。

四、关于妥善处理非营利性民办学校税收争议问题的建议

党的十八大以来，中国特色社会主义进入新时代，全面深化改革亦步入攻坚期和深水区，各种风险和挑战迎面而来。党的二十大报告进一步提出，要妥善处理好改革与法治的关系，充分发挥"法治固根本、稳预期、利长远"的保障作用。2023 年 7 月出台的《中共中央　国务院关于促进民营经济发展壮大的意见》强调"健全对各类所有制经济平等保护的法治环境，为民营经济发展营造良好稳定的预期"。

本案税收争议即属于改革与法治的冲突与协调的一个典型案例，即当民办学校分类管理改革过程中，所涉的相关规范之间因未及时调整而发生冲突时，应如何选择妥适之"良法"，切实保障包括长沙医学院在内的非营利性民办学校的权益，促进"善治"的实现。

（一）长沙医学院学费、住宿费收入是否征税的问题系民办学校分类管理改革与既有法制间的冲突与协调问题

民办学校分类管理改革，是市场经济体制改革的重要举措之一。本次改革既允许了营利性民办学校的存在，并作出阶段性实现分类登记管理的改革目标，同时也注重对非营利性民办学校进行扶持，明确其享有公办学校同等的税收待遇，确保非营利性民办学校与公办学校之间的公平竞争。在制度层面，这一改革也意味着国家在非营利性民办学校方面的价值取向，开始转向一种激励型的模式，相关的法律制度、行政法规乃至其他规范性文件也面临相应的调整。

本案中，长沙医学院分类改革前为非营利性民办学校，改革后在分类

登记也选择为非营利性民办学校。具体情况是，教育部、发展改革委、财政部、市场监管总局、新闻出版署印发《关于进一步加强和规范教育收费管理的意见》（教财〔2020〕5 号）明确规定："2016 年 11 月 7 日以前设立的民办学校，在未完成分类登记相关程序前收费政策按非营利性民办学校管理。"根据湖南省民办学校分类登记相关规定，民办学校分类登记截止日期为 2022 年 8 月 31 日，在分类登记完成前按照非营利性民办学校进行管理。分类管理改革启动后，允许民办学校自主选择登记为营利或者非营利性民办学校，选择非营利性办学方向的民办学校不得取得办学收益。

2023 年 5 月 29 日，习近平总书记在中共中央政治局第五次集体学习时强调，加快建设教育强国，为中华民族伟大复兴提供有力支撑，建设教育强国要坚持系统观念，统筹推进育人方式、办学模式、管理体制、保障机制改革，坚决破除一切制约教育高质量发展的思想观念束缚和体制机制弊端，全面提高教育治理体系和治理能力现代化水平；还强调建设教育强国，龙头是高等教育。民办教育是我国教育事业的重要组成部分，是促进教育改革的重要力量，民办学校分类改革对民办教育事业的发展有重要影响。学费、住宿费作为非营利性民办学校的主要收入来源，是否征收企业所得税，对将来民办学校营利与非营利性发展方向，分类登记的选择和价值取向、受教育者权益、行业稳定将产生深远的、巨大的影响。要认真学习贯彻这一讲话精神，妥善处理这一问题，保障民办教育机制改革，促进民办教育健康发展。

（二）应当妥善处理好民办教育分类管理改革与法治的衔接问题

包括民办学校分类管理在内的诸多改革，均面临着法律制度、行政法规乃至其他规范性文件的调整，面临着相关规范尚未调整的时候，如何处理法治之间冲突的可能性。全国人大常委会在 2016 年《全国人民代表大会常务委员会关于修改〈中华人民共和国民办教育促进法〉的决定》中就强调："国务院及其教育行政等有关部门和各省、自治区、直辖市在依照本决定实施民办学校分类管理改革时，应当充分考虑有关历史和现实情况，保障民办学校受教育者、教职工和举办者的合法权益，确保民办学校分类管理改革平稳有序推进。"

基于此，税务部门在处理该问题时，不应简单、机械适用规则，应当综合考虑非营利性民办学校的权益保障问题。当该问题在现有法律体系框架内能够得到解决时，税务部门应基于各项规定之间的效力及其位阶，遵循上位法优于下位法、新法优于旧法、特别法优于一般法的规则，选择恰当之"良法"妥善处理好相关问题。在征税决定依据的有关规范性文件存在问题的情况下，可以向全国人大常委会或相关司法部门提出审查建议。另外长沙医学院在行政诉讼中，也可以依据《行政诉讼法》第53条的规定，请求法院对征税决定依据的有关规范性文件进行审查。

第 七 章

长沙医学院学生学费、住宿费涉税问题论析

2020 年 11 月 5 日，当地税务部门向长沙医学院下发《税务检查通知书》，对该校 2016 年 1 月 1 日至 2020 年 9 月 30 日涉税情况进行了为期半年多的检查。2021 年 5 月 6 日当地税务部门下达《税务事项通知书》，向长沙医学院征缴非营利性学校学生学历教育学费收入企业所得税与滞纳金。

现以"属于非营利性民办学校的长沙医学院在学生学历教育学费收入是否应缴纳企业所得税"为论证焦点，对长沙医学院涉税问题提出以下法律意见。

一、长沙医学院依法应享受与公办学校同等的税收待遇

（一）长沙医学院从事的民办教育与公办教育一样均属公益事业

民办教育作为社会主义教育事业的重要组成部分，其公益属性毋庸置疑。《民办教育促进法》第 3 条对民办教育事业的公益属性进行了确认。《民办教育促进法实施条例》第 4 条进一步要求民办学校要"坚持社会主义办学方向，坚持教育公益性"。民办教育的公益性与公办教育的公益性并无区别。某事项是否具有公益性，关键不在该事项的实施主体，而在该事项本身的自然属性，即该事项是否属于对社会、对公众等不特定多数人有益的事项。因此，在法律明确确认了民办教育事业的公益属性后，在观

念上不能认为公办学校的公益性高于民办学校的公益性，更不能对民办教育进行歧视、压制。因此，《民办教育促进法》第 5 条明确规定："民办学校与公办学校具有同等的法律地位，国家保障民办学校的办学自主权。国家保障民办学校举办者、校长、教职工和受教育者的合法权益。"国家强调对民办学校教师、学生平等对待，规范和支持民办学校加强师资队伍建设。因此，不能把民办教育本应享有的各种制度、政策优惠和公办教育区别对待，更不能违法剥夺民办教育依法享有的各种权益。

根据《民办非企业单位登记管理暂行条例》（国务院令第 251 号）关于"本条例所称民办非企业单位，是指企业事业单位、社会团体和其他社会力量以及公民个人利用非国有资产举办的，从事非营利性社会服务活动的社会组织"的规定，长沙医学院系在民政部门登记的民办非企业单位，为从事非营利性社会服务活动的社会组织。同时，按照民办学校分类登记相关要求，湖南省民办学校分类登记截止日期为 2022 年 8 月 31 日，长沙医学院在分类登记完成前按照非营利性民办学校进行管理。可见，依照前述规定，长沙医学院应与公办学校具备同等法律地位。

（二）长沙医学院依据法律法规享受与公办学校同等的税收优惠政策

从中央到地方，一系列的法律、地方性法规及规定，均明确了非营利性民办学校与公办学校享有同等待遇。例如：（1）《民办教育促进法》第 47 条及《民办教育促进法实施条例》第 54 条均规定："民办学校享受国家规定的税收优惠政策；其中，非营利性民办学校享受与公办学校同等的税收优惠政策"；（2）教育部 2012 年发布的《关于鼓励和引导民间资金进入教育领域促进民办教育健康发展的实施意见》（教发〔2012〕10 号）中要求"清理并纠正对民办学校的各类歧视政策……落实民办学校与公办学校平等的法律地位"；（3）2019 年湖南省人民政府《关于鼓励社会力量兴办教育促进民办教育健康发展的实施意见》（湘政发〔2019〕2 号）亦明确规定要落实税收优惠政策，具体为"民办学校按照国家有关规定享受相关税收优惠政策。非营利性民办学校与公办学校享有同等待遇，按照税法规定进行免税资格认定后，免征非营利性收入的企业所得税"。

可见，在前述法律法规下，属于非营利性民办学校的长沙医学院应与公办学校享受同等税收优惠待遇。

二、长沙医学院的学生学历教育学费收入属于法定不征税范围

我国法律法规明确规定了学费作为高等学校的行政事业性收费，属于企业所得税法规定的不征税收入范围。例如，《企业所得税法》第 7 条第 2 项规定了"依法收取并纳入财政管理的行政事业性收费、政府性基金"为不征税收入。2006 年 5 月，教育部、国家发展改革委、财政部印发的《关于进一步规范高校收费管理若干问题的通知》正式确定学费属于高校行政事业性收费，并要求"高校的行政事业性收费和服务性收费收入应全部用于学校的办学支出。地方各级人民政府及有关部门不得将学校的收费收入用于平衡预算，也不得以任何形式挤占、截留、挪用学校收费资金"。财政部于 2017 年发布的《全国性及中央部门和单位行政事业性收费目录清单》中，也明确列举了高等学校（含科研院所、各级党校等）学费、住宿费、委托培养费、函大电大夜大及短期培训费属于行政事业性收费。

鉴于以上规定，我们认为，非营利性民办学校学生学历教育学费收入属于不征税收入范围是"享受与公办学校同等的税收优惠"的应有之义，故长沙医学院的学生学历教育学费应属于法定不征税范围。学费是否纳入财政预算管理，仅是行政管理中的一环，不是判明是否应纳税的标准，更不会改变学费收入的性质。而且，湖南省财政厅不准予民办学校开立财政专户和预算外资金专户，长沙医学院无法将学费收费纳入财政账户是由其行政管理行为造成的，并非基于学校的主观意愿。非营利性民办学校享受与公办学校同等的税收优惠政策是我国《民办教育促进法》等法律法规的明确要求，而公办学校享受的最为重要的税收优惠政策之一便是学费免征企业所得税。国家既然规定公办学校的学费属于不征税收入，非营利性民办学校依法应当同等适用该税收政策，故长沙医学院的学历教育学费收入应被认定为不征税收入范围。

三、学历教育学生学费收入如不属法定不征税范围，也认定为免税收入

《企业所得税法》第26条规定："企业的下列收入为免税收入……（四）符合条件的非营利组织的收入。"我们认为，非营利性民办学校作为从事非营利性社会服务活动的社会组织，其学生学历教育学费收入即便不能视为不征税收入，亦应根据其公益性质而作为"符合条件的非营利组织的收入"予以免税。具体分析如下。

（一）长沙医学院属于"符合条件的非营利组织"

《企业所得税法实施条例》（以下称《实施条例》）第84条对"符合条件的非营利组织"作出了明确的限定，即"（一）依法履行非营利组织登记手续……（七）工作人员工资福利开支控制在规定的比例内，不变相分配该组织的财产。"非营利性民办学校作为国家积极鼓励和大力支持的教育力量，属于典型的以服务公益事业为目的且不为任何私人或营利组织谋取私利的社会组织，在法人属性、收入分配模式等方面符合前述条例以及财政部、国家税务总局《关于非营利组织免税资格认定管理有关问题的通知》中规定的免税资格认定条件。如前所述，长沙医学院根据有关条例与登记属于非营利性民办学校，故其属于《企业所得税法》第26条第4项所言的"符合条件的非营利组织"。

（二）长沙医学院的学生学历教育学费收入属于"符合条件的非营利组织的收入"

在《企业所得税法》第26条规定的符合条件的非营利组织的收入属于免税收入的基础上，《实施条例》第85条将"符合条件的非营利组织的收入"进一步明确为"不包括非营利组织从事营利性活动取得的收入，但国务院财政、税务主管部门另有规定的除外"。因此，要界定长沙医学院的学历教育学费收入是否属于免税收入，关键在于判断该收入是否系营利性活动取得，如果是，则不属于免税收入；如果不是，则当然应当列入免税收入的范畴。

我国现行的《民间非营利组织会计制度》将民间非营利组织的收入按其来源分为捐赠收入、会费收入、提供服务收入、政府补助收入、投资收益、商品销售收入等主要业务活动收入和其他收入等，并将学费、医疗费、培训费在内的民间非营利组织，根据章程等的规定向其服务对象提供服务取得的收入划归为"提供服务收入"。这些收入或者是为确保非营利组织持续提供公益性社会服务、实现其公益目的不可或缺的收入，或者是非营利组织为实现其公益目的和特定社会使命而开展业务活动取得的收入，在性质与目的上均属于"符合条件的非营利组织的收入"。

（三）对长沙医学院的学生学历教育学费收入征收企业所得税有违信赖保护原则

信赖保护原则是行政法中的基本原则，其含义为基于法律秩序的安定性和保护公民正当权益的考虑，当公民对行政机关在行政管理过程中某些因素的确定性、不变性形成合理信赖，并且这种信赖值得保护时，行政主体就不得随意变动，或在变动后必须对公民因信赖上述因素而遭受的损失给予合理补偿。就本案例而言，长期以来，非营利性民办学校学生学历教育学费的收取由《民办教育收费管理暂行办法》（2020年3月废止）调整，根据第12条规定，"民办学校取得的合法收费收入应主要用于教学活动和改善办学条件，任何单位和部门不得截留、平调"。《湖南省民办教育收费管理办法》第13条更是明确指出"捐资举办的民办学校和出资人不要求取得合理回报的民办学校，其收费按行政事业性收费管理"。基于此，作为非营利性民办学校的长沙医学院有合理依据相信其学生学历教育学费可以作为行政事业性收费在计算应纳税所得额时扣除，而无须经过税务部门的免税资格认定。在此前提下，税务部门未经事先通知，对非营利性民办学校学生学历教育学费收入征收企业所得税破坏了行政管理活动的明确性、稳定性和连贯性，损害了长沙医学院的信赖利益。

综上所述，学生学历教育学费作为非营利性民办学校的重要收入之一，即便不属于不征税收入，亦应根据《民办教育促进法》《企业所得税法》等法律法规的规定作为免税收入处理，这既是完善民办学校分类管理配套制度的要求，也是引导社会力量非营利性办学的重要手段。此外，综合利用包括免税、减税在内的多种税收优惠手段还有利于切实落实民办教育分类管理的法律设想，体现对具有更强外部性、公益性、非营利性民办学校的支持，能有效发挥税收对社会资金进入教育领域的调节作用，体现社会公平。

四、税务部门征税结论违反法律规定和基本法理

我们认为，长沙医学院是非营利性民办学校，要求其以学生学历教育学费收入缴纳企业所得税与滞纳金既不符合我们国家对民办教育的定位，也不符合国家扶持民办教育发展的政策，更不符合法律规定。税务部门之所以得出如此结论，源于其适用法律的不准确。根据《中华人民共和国立法法》第 103 条规定："同一机关制定的法律、行政法规、地方性法规、自治条例和单行条例、规章，特别规定与一般规定不一致的，适用特别规定；新的规定与旧的规定不一致的，适用新的规定。"从法律适用角度看，确定效力位阶应遵循的原则是：上位法优于下位法、特别法优于普通法、新法优于旧法。税务部门适用法律不全，存在适用下位法规定而忽视上位法、适用普通法规定而忽视特别法等问题，具体如下。

（一）适用法律不全面

税务部门征收学生学历教育学费收入企业所得税的法律依据有《企业所得税法》、《企业所得税法实施条例》、《财政部、国家税务总局关于非营利组织企业所得税免税收入问题的通知》（财税〔2009〕122 号）、《财政部、国家税务总局关于财政性资金、行政事业性收费、政府性基金有关企业所得税政策问题的通知》（财税〔2008〕151 号），税务部门引用法律依据多达 32 条，却未适用《企业所得税法》第 26 条，《民办教育促进法》第 47 条，《企业所得税法实施条例》第 84 条、第 85 条，而这些未被适用的法律法规是判断长沙医学院是否应当缴纳学历教育学费收入企业所得税的关键性规定。

（二）未遵循上位法优于下位法原则

税务部门主要依据《财政部、国家税务总局关于财政性资金、行政事业性收费、政府性基金有关企业所得税政策问题的通知》（财税〔2008〕

151 号）和《财政部、国家税务总局关于非营利性组织企业所得税免税收入问题的通知》（财税〔2009〕122 号）的相关规定，就认为民办学校学费收入未纳入财政预算管理也未进入财政预算外资金专户管理，不属于不征税收入，也不属于免税收入，属于仅注意下位法而忽视上位法造成的结论错误。

　　我们认为，财税〔2008〕151 号文和财税〔2009〕122 号文均属于效力较低的规范性文件，而《企业所得税法》《民办教育促进法》属于实体法，《企业所得税法实施条例》属于行政法规，当它们相冲突时，应当遵循上位法优于下位法的原则，以上位法规定为准，即应当以《企业所得税法》第 26 条第 4 项、《民办教育促进法》第 47 条以及《企业所得税法实施条例》第 84 条、第 85 条规定为准。如前文所述，长沙医学院学费收入属于非营利性收入，应当依法与公办学校享有同等待遇，免征企业所得税。

　　（三）未遵循特别法优于一般法原则

　　与《企业所得税法》相比较而言，《民办教育促进法》是专门针对民办教育企业的规定，属于特别法。税务部门已引用的《企业所得税法》的相关条文与《民办教育促进法》有不一致的情况下，应当适用特别法的规定。《民办教育促进法》第 47 条规定，"非营利性民办学校享受与公办学校同等的税收优惠政策"，因此，在公办学校免征企业所得税的情况下，民办学校亦应当享受同等优惠政策，不被征收学历教育学费收入的企业所得税。

　　综上所述，我们认为，长沙医学院登记为民办非企业单位，属于非营利性组织；所收学费为非营利性收入，属于企业所得税法中规定的免税收入。而且，国家相关法律法规及《湖南省人民政府关于鼓励社会力量兴办教育促进民办教育健康发展的实施意见》（湘政发〔2019〕2 号）均规定"民办学校按照国家有关规定享受相关税费优惠政策。非营利性民办学校与公办学校享有同等待遇，按照税法规定进行免税资格认定，免征非营利性收入的企业所得税"，湖南省教育厅关于对省人大十二届七次会议第 1964 号建议的答复（湘教复字〔2017〕140 号）更是指出"无论你是营利性民办学校还是非营利性民办学校，也不论你是公办学校还是民办学校，凡是非营利性办学行为就免征所得税"。因此，税务部门将长沙医学院学历教育学费收入纳入企业所得税征税范围属于适用法律错误造成的判断错误，其要求长沙医学院补缴企业所得税不能成立。

五、向非营利性民办学校征收企业所得税会产生负面影响和不良社会后果

党中央、国务院历来重视民办教育，采取各种措施促进民办教育事业发展是我们国家一以贯之的方针政策。1982 年，我国就以宪法的形式确立了社会力量办学的合法性和法律地位。在深化教育改革发展历程中，党中央、国务院也多次强调支持民办教育，鼓励社会力量兴办教育。党的十八大以来，党中央进一步强调了发展民办教育的重要性：习近平总书记站在党和国家事业发展全局来看待教育优先发展和民办教育事业发展，指出办好教育事业，家庭、学校、政府、社会都有责任；2016 年，《国务院关于鼓励社会力量兴办教育促进民办教育健康发展的若干意见》提出六大举措促进民办教育发展，并进一步修改民办教育专门法律——《民办教育促进法》，为深化民办教育改革发展提供法律保障，并在其中对民办教育的公益属性进行了明确。

针对国家财政极少直接投入民办学校的情况，我国亦实施了大量的税收优惠政策，以此来扶持民办教育的发展。各类法律法规以法律形式明确了税收优惠，各类规章和文件进一步作了操作性规定，构成了比较完整的税收优惠制度体系。从我国的税收优惠制度体系来看，国家对民办教育事业实行的税收优惠政策范围广、力度大。

因此，我们认为，对民办教育实施税收等政策优惠，是国家既定的大政方针政策，是教育优先发展战略的重要支撑。在新型冠状病毒感染疫情对经济社会的负面影响还没有消除之际，贸然突击向非营利性民办学校的学历教育学费收入征收企业所得税，会带来较多负面社会效果。一方面，极大损害国家信誉。对民办教育实施税收等政策优惠，是国家既定的大政方针政策，是国家的郑重承诺。30 多年来，国家一直没有向非营利性民办学校的学历教育学费收入征收企业所得税。现在贸然突击征收，严重违反

了广大民办高校的合理预期，侵犯了学校的信赖利益，不仅于法不合，更于理不通，会引来社会公众对国家信用的质疑，会引来人民对党和国家政策的质疑。另一方面，国家对民办教育的投入本来就不多，再加上新型冠状病毒感染疫情影响，民办教育运转维持困难。再突击征收多年不征的企业所得税，会极大挫伤社会力量办教育的积极性和信心。潜在投资者会谨慎观望甚至是不再投资；已经投资者会转移甚至是抽回投资；勉强继续运营者会尽量减少投资，维持最低的办学条件。这会大大打击民办教育事业，进而影响职业教育、基础教育的发展，影响各类教育健康发展的格局。

综上所述，我们认为，长沙医学院的学生学历教育学费收入无须缴纳企业所得税。

第 八 章

关于长沙"天价税案"几个问题的法理分析

2020 年末，正值"新型冠状病毒感染疫情"非常时期，当地税务部门突然向非营利性民办本科学校长沙医学院进行稽查，往前溯征 5 年的学费、住宿费企业所得税，并于 2022 年 1 月下达征缴 3.5 亿元、处滞纳金 2.7 亿元，总计 6.2 亿元的税务处理决定。

本书认真研读相关法律法规和涉案材料，也与社会有识之士做了讨论交流。社会各界人士总的看法是：长沙税务部门突下"狠手"，对一个非营利性民办学校开出 6 亿余元的"天价税单"，有违常理，超出公众认知。尤其是教育界普遍认为，对非营利性民办学校的学费、住宿费征收企业所得税前所未闻。从全国来看普遍没有征缴此税，该学校也不知道有此税项。而且，更为重要的是，征缴此税缺乏法律依据。因此，对这一"天价税单"，不仅行政相对人不接受，专家学者也不认可，社会各界感到不可思议，就连税务系统人士也难以理解！

经过认真梳理和分析，本书认为该"天价税案"确实存在一系列违法悖理问题，现逐一进行评析。

一、非营利性民办学校享受与公办学校同等税收待遇，这是法律的明确规定

《民办教育促进法》第 5 条规定，"民办学校与公办学校具有同等的法律地位"。第 47 条规定，"民办学校享受国家规定的税收优惠政策；其中，

非营利性民办学校享受与公办学校同等的税收优惠政策"。《企业所得税法》第 26 条第 4 项规定，"符合条件的非营利组织的收入"为"免税收入"。《国务院关于鼓励社会力量兴办教育促进民办教育健康发展的若干意见》（国发〔2016〕81 号）第 14 条亦明确规定非营利性民办学校免征非营利性收入企业所得税。

　　根据"财税〔2008〕13 号"等规范性文件规定，公办学校按规定收取的学费、住宿费实行"收支两条线"管理，为行政事业性收费，属于不征税收入。《湖南省民办教育收费管理办法》第 13 条明确要求"捐资举办的民办学校和出资人不要求取得回报的民办学校，其收费按照行政事业性收费管理"。

　　长沙医学院作为非营利性民办学校是在湖南省民政厅注册登记的非营利性社会组织，而非在工商行政部门注册登记的营利性企业，符合《民法典》第 87 条规定的"为公益目的或者其他非营利目的成立，不向出资人、设立人或者会员分配所取得利润的法人，为非营利法人"特征。

　　从上述一系列的法律法规可知，长沙医学院和其他非营利性民办学校一样，其学费和住宿费当然属于《企业所得税法》第 26 条第 4 项规定的"符合条件的非营利性组织的收入"，与公办学校享有同等税收待遇，免征非营利性的学费、住宿费企业所得税理所当然、毫无疑义。

　　对此，全国人大常委会法工委和教育部已经作出解释。全国人大常委会法制工作委员会"法工办发〔2021〕360 号"《对〈民办教育促进法〉第 47 条有关问题的意见》认为非营利性民办学校"应当享受与公办学校同等的税收待遇，免征非营利性收入的企业所得税"。2021 年 7 月 18 日，教育部对中国民办教育协会的函件指出："非营利性民办学校学费和住宿费与公办学校上述费用性质相同、用途相同、结余管理方式相同，应享受同样的税收优惠政策。"

　　值得关注的是，2021 年 5 月 19 日，湖南省教育厅对湖南省税务局《关于请求协调对长沙医学院学费收入免征企业所得税的函》提出了更为具体和明确的意见："目前公办学校的学费收入是免征企业所得税的。根据法律规定，结合长沙医学院的法人属性、办学章程及办学实际，我们认为长沙医学院应当与公办学校一样，享受免征学费收入企业所得税的优惠政策。"

二、地方税务部门误读曲解上级文件

据报道，当地税务部门相关负责人李某接受媒体采访时认为，公办学校所收的学费、住宿费需要上缴财政，纳入财政预算外监控，而民办学校没有上缴财政，都是自收自支，不满足享受税收优惠政策条件，便不能享受优惠。本书认为，税务部门以民办学校学费、住宿费未上缴财政就不能享受税收优惠这一观点显然不成立，而且违反常识。也就是说，国家财政怎么会把社会资金纳入财政统一管理呢？众所周知，公办学校由国家举办，一切由国家投资；而民办学校由社会力量举办，国家不投入。无论从资金来源、法律地位、国家政策和财务技术，国家财政也不可能把社会资金都纳入财政管理。地方税务部门的认知显然是错误的，完全背离《民办教育促进法》等法律法规的精神实质。

同时，本书作者与税务人士接触注意到：他们反复强调其执法依据是"财税〔2008〕151号"和"财税〔2009〕122号"这两份"上级文件"。实际上，税务部门对"不征税收入"和"免税收入"的理解正是对"上级文件"的误读和曲解！

如前所述，"财税〔2008〕151号"规定，实行"收支两条线"即纳入财政管理的学费、住宿费"为行政事业性收费，属于不征税收入"。

但是不是就可以反过来说"不征税收入"就等于"实行收支两条线纳入财政管理的"行政性收费呢？答案是否定的。因为"不征税收入"显然不仅限于"实行收支两条线纳入财政管理的"行政事业性收费，还有法律、行政法规和国家重要政策规定的其他收费事项。比如《民办教育促进法》第47条明确规定的"非营利性民办学校享受与公办学校同等的税收优惠政策"。《科学技术进步法》《农业法》《中小企业促进法》《基本医疗卫生与健康促进法》等国家法律和不少行政法规都有相关免税或其他税收优惠规定，这些收费事项不可能都纳入"收支两条线财政管理"。民办学校和民营企业的收入也当然不可能纳入财政管理！

在这里，税务部门显然犯了"以偏概全"的逻辑错误。

按照上级文件规定，"实行收支两条线纳入财政管理的收费"="不征税收入"。而税务部门执法时，却把上级文件误读曲解为："不征税收入"="实行收支两条线纳入财政管理的收费"。即把等式反过来理解和执行，作出限缩性解释，把《民办教育促进法》等法律、行政法规和国家重要政策需要通过不征税或免税予以特别支持的事项排除在外。

税务部门对非营利性民办学校的学费和住宿费要征收企业所得税的另一理由是："财税〔2009〕122号"没有将非营利性民办学校学费、住宿费纳入"免税收入"。该通知明列"非营利组织的免税收入"为五项："（一）接受其他单位或者个人捐赠的收入；（二）除《中华人民共和国企业所得税法》第7条规定的财政拨款以外的其他政府补助收入，但不包括因政府购买服务取得的收入；（三）按照省级以上民政、财政部门规定收取的会费；（四）不征税收入和免税收入孳生的银行存款利息收入；（五）财政部、国家税务总局规定的其他收入。"

首先需要指出的是，"财税〔2009〕122号"第5项"财政部、国家税务总局规定的其他收入"作为兜底条款，排除国家法律和行政法规的适用，违反《立法法》精神和法治原则。其次，税务部门对该通知同样作了误读曲解。税务部门认为，既然非营利性民办学校学费、住宿费没有列入"财税〔2009〕122号"文件的五项免税收入，就不属于免税范围，就要征税。税务部门这一逻辑，亦如前文所述那样陷于"以偏概全"的认知错误。"财税〔2009〕122号"表明：该内部文件列明的"五项收入"=非营利组织的免税收入。

但税务部门也同样把等式反过来理解和执行。即：非营利性组织的免税收入="财税〔2009〕122号"列明的"五项收入"。按税务部门的逻辑，既然非营利性民办学校的学费、住宿费不在"财税〔2009〕122号"列明的"五项收入"中，他们就要征收企业所得税。这一逻辑既是对上级文件的误读和曲解，也与相关法律规定和税收法定原则相背离。

三、"财税〔2008〕151号""财税〔2009〕122号"等规范性文件，亦违反《立法法》精神，当属无效

税务部门对非营利性民办学校学费、住宿费开出数亿元的"天价税单"，他们实质性的执法依据就是财税系统的"财税〔2008〕151号""财税〔2009〕122号"等规范性文件，而把《民办教育促进法》第47条、

《企业所得税法》第 26 条和国务院《民办教育促进法实施条例》第 54 条，《企业所得税法实施条例》第 84 条、第 85 条等规定抛在一边。此举的错误在于违反了三个基本法理：上位法优于下位法、新法优于旧法、特别法优于一般法。

《企业所得税法》和《民办教育促进法》都是国家法律，而"财税〔2008〕151 号""财税〔2009〕122 号"等文件，仅为财税主管部门的内部规范性文件，其效力位阶处于最低级。值得注意的是，税务部门存在一种错误的认知，他们认为"上位法与下位法"，是指同一类别的法律法规而言，《民办教育促进法》及其国务院颁布的《民办教育促进法实施条例》不属于税收方面的法律，因此，其对税务部门不具有约束力！很显然，这种认知是对《立法法》关于上位法优于下位法基本精神的误读和曲解。

相对《税收征收管理法》《企业所得税法》等这类普遍适用于各类纳税主体的法律而言，《民办教育促进法》第 47 条、《民办教育促进法实施条例》第 54 条等有关涉税的规定，就是特别法，具有优先适用的效力。"财税〔2008〕151 号""财税〔2009〕122 号"等内部文件，分别发布于 2008 年和 2009 年，而第三次新修正的《民办教育促进法》时间是 2018 年 12 月 29 日。且不说其位阶次序，就时间而言，相差八九年。在非营利性民办学校学费、住宿费是否征收企业所得税问题上，当然应以《民办教育促进法》的相关规定作为指导原则和优先适用的执法依据。

可见，不执行《民办教育促进法》等规定，而执行"财税〔2008〕151 号""财税〔2009〕122 号"这两份 15 年前的"内部规范性文件"，违反了《立法法》关于上位法优于下位法、特别法优于一般法、新法优于旧法的基本规定，当属无效执法行为。

四、"财税〔2009〕122 号"等规范性文件和相关答复排除了法律和行政法规的适用

前文已述，下级税务部门存在误读和曲解上级文件的问题，认为"财税〔2009〕122 号"没有把非营利性民办学校学费、住宿费放在该通知列明的"五项免税收入"范围，就要征收企业所得税，这正是对"法无授权

不可为"的公权行使规则的违反，税务部门执法时反向为之，构成公权的滥用和执法的随意性。

与此同时，从《立法法》的精神来看，我们不难发现，财税主管部门的"财税〔2009〕122号"，也是违反《立法法》精神的。该通知对"免税收入"采取正列举的方式，在正列举无法穷尽时采用"其他"作为兜底条款。可是，该兜底条款排除了法律、行政法规等上位法和国家重要政策中关于"免税收入"事项的规定。这显然是违反《立法法》精神和法治原则的。

（"财税〔2009〕122号"第5项的正确表述应该为："（五）法律、行政法规和财政部、国家税务总局规定的其他收入。"）

此外，财政和税务主管部门对"十三届全国人大五次会议第2747号建议"分别给予的答复（"税总所得函〔2022〕169号""财税函〔2022〕14号"）同样是违背上述规定和相关法治原则的，因而，不能成为税务部门的执法依据。

这里，还需强调的是：税收法定是一个基本原则。《立法法》第11条第6项规定"税种的设立、税率的确定和税收征收管理等税收基本制度"必须由法律来规定。《税收征收管理法》第3条规定："税收的开征、停征以及减税、免税、退税、补税，依照法律的规定执行；法律授权国务院规定的，依照国务院制定的行政法规的规定执行。任何机关、单位和个人不得违反法律、行政法规的规定，擅自作出税收开征、停征以及减税、免税、退税、补税和其他同税收法律、行政法规相抵触的决定。"

从上述法律规定看，对非营利性民办学校学费和住宿费是否征收企业所得税这一全国性的普遍问题，当然只能由法律或国务院行政法规来作出规定。换言之，财税主管部门无权以一个规范性文件或一个答复的形式，就此类事项作出规定。

五、"财税〔2018〕13号"未协同民政部共同制定，有违《立法法》规定

《立法法》第92条规定："涉及两个以上国务院部门职权范围的事项，应当提请国务院制定行政法规或者由国务院有关部门联合制定规章。"《企

业所得税法实施条例》第 52 条关于非营利性社会组织认定条件中的第 9 项规定"国务院财政、税务主管部门会同国务院民政部门等登记管理部门规定的其他条件"。长沙医学院系由民政部门依法设立的非营利性组织，其是否具有"免税资格"的认定，理应适用由国务院财政、税务主管部门和国务院民政部门联合制定的规章，而不能适用撇开国务院民政部门，仅由国务院财政和税务部门两家制定的规范性文件，即"财税〔2018〕13 号"文件。

实践调研发现，有些税务部门在执行过程中，对社会上一些纯盈利性的校外"培训机构"却能选择性和随意性地认定"免税资格"，而对长沙医学院这所由教育部批准设立、民政部门注册的非营利性民办本科大学却不予认定"免税资格"。

六、税务部门不依法确认该校纳税担保，属于选择性执法，试图剥夺学校行政复议和诉讼法律救济权利

在对非营利性民办学校学费、住宿费等非营利性收入征收数亿元"天价税单"存在严重异议的情况下，长沙医学院及时申请行政复议。在税务部门指导下，长沙医学院提供了中国银行湖南省分行、中信银行长沙分行分别出具的两份《银行履约保函》进行纳税担保，但税务部门却出尔反尔，对学校依税务部门指导而提供的纳税担保不予确认，导致该校的行政复议申请被直接驳回。而当地税务部门对其他同类学校同类性质的银行履约保函却予以确认，这种区别对待、搞"双标"的执法行为，属于典型的选择性执法。这种执法方式也充分反映了税务部门执法的随意性和某些税务干部的不良动机和官僚作风，也严重损害了法律的权威和政府公信力！

总而言之，我们认为，当地税务部门对非营利性民办学校学历教育的学费、住宿费收入征收企业所得税，有违法律法规规定。另据初步统计，湖南省内现有非营利性民办教育机构共 1.1 万家，全国非营利性民办教育机构共有 19.6 万家。这种情况如果得不到重视和妥善处理，那么，将会造成全国行业性的不良社会影响。

第 九 章

非营利性民办学校学费、住宿费应然为免税收入

现阶段对于非营利性民办学校学生学费、住宿费是否征收企业所得税问题，财税部门和法学界、教育界存在根本冲突。

本书以非营利性民办学校收取的学费、住宿费为切入点，针对《企业所得税法》第 26 条、《企业所得税法实施条例》第 85 条的规定进行分析，结合《民办教育促进法》及其实施条例，尝试对非营利性民办学校收取的学费、住宿费这一问题进行梳理与论证，同时也对财政部、国家税务总局于 2009 年 11 月 11 日发布的《财政部、国家税务总局关于非营利组织企业所得税免税收入问题的通知》（以下称"财税〔2009〕122 号通知"）的合法性进行探讨。

一、何为《民办教育促进法》第 47 条规定的"非营利性民办学校享受与公办学校同等的税收优惠政策"？

2017 年 9 月 1 日实施的《民办教育促进法》第 3 条规定："民办教育事业属于公益性事业，是社会主义教育事业的组成部分。国家对民办教育实行积极鼓励、大力支持、正确引导、依法管理的方针。各级人民政府应当将民办教育事业纳入国民经济和社会发展规划。"第 47 条规定："民办学校享受国家规定的税收优惠政策；其中，非营利性民办学校享受与公办学校同等的税收优惠政策。"

《国务院关于鼓励社会力量兴办教育促进民办教育健康发展的若干意

见》（国发〔2016〕81号）第14条明确指出："落实税费优惠等激励政策。……非营利性民办学校与公办学校享有同等待遇，按照税法规定进行免税资格认定后，免征非营利性收入的企业所得税。"国务院2021年4月7日颁布的《民办教育促进法实施条例》第54条再次明确了对民办教育的所得税税收优惠政策："民办学校享受国家规定的税收优惠政策；其中，非营利性民办学校享受与公办学校同等的税收优惠政策。"

对于公办学校来说，我国法律明确规定了学费、住宿费作为公办高等学校的行政事业性收费，属于《企业所得税法》的不征税收入范围。且在财政部于2017年发布的《全国性及中央部门和单位行政事业性收费目录清单》中，也明确列举了公办高等学校（含科研院所、各级党校等）学费、住宿费、委托培养费、函大电大夜大及短期培训费属于行政事业性收费。《企业所得税法》第7条第2项规定了"依法收取并纳入财政管理的行政事业性收费、政府性基金"为不征税收入。故公办学校收取的学费、住宿费的性质为行政事业性收费，属于不征税收入范围。根据上述规定，非营利性民办学校应当享受与公办学校同等的税收优惠政策，税务部门应对学费、住宿费免征企业所得税。

二、对于收取的学费、住宿费，公办学校作为不征税收入与非营利性民办学校作为免税收入是否矛盾？

不征税收入与免税收入实际上是两个逻辑层次上的概念。第一层次根据收入总额是否属于企业所得税征税范围，将其分为不征税收入和征税收入，故不征税收入指不负有纳税义务并不作为应纳税所得额组成部分的收入，不征税收入不属于所得税优惠范围。第二层次按照征税收入是否享受企业所得税税收优惠，从而分为免税收入和应税收入，故免税收入本质上属于应税收入，原本应承担纳税义务，只是由于国家政策的需要，给予免税优惠。

对于非营利性民办学校，法律法规明确规定为："非营利性民办学校享受与公办学校同等的税收优惠政策""非营利性民办学校与公办学校享有同等待遇"。故对于非营利性民办学校符合条件的收入，属于所得税优惠范围的，应当作为免税收入的范畴。

而对于非营利性民办学校收取的学费、住宿费，其所对应的公办学校收取的学费、住宿费属于行政事业性收费而纳入不征税范畴，在此情况下，非营利性民办学校与公办学校在税收上的同等待遇应当体现为：不收取学费、住宿费收入的企业所得税。只是对于公办学校的学费、住宿费收入的处理方式为纳入不征税范畴，而对于非营利性民办学校的学费、住宿费收入的处理方式为享受免税政策。

三、学费、住宿费收入享受免税政策是否以政府举办或纳入财政管理为前提条件？

根据《财政部、国家税务总局关于教育税收政策的通知》（财税〔2004〕39 号）规定，"对政府举办的高等、中等和初等学校（不含下属单位）举办进修班、培训班取得的收入，收入全部归学校所有的，免征营业税和企业所得税"。该文件于《财政部、国家税务总局关于加强教育劳务营业税征收管理有关问题的通知》（财税〔2006〕3 号）作出修改，载明"'政府举办的高等、中等和初等学校（不含下属单位）'是指'从事学历教育的学校（不含下属单位）'"。2008 年两会期间，财政部关于"依法给予民办学校享受与公办学校同等税收政策"提案的答复中将"政府举办的高等、中等和初等学校"明确为"上述学校均包括符合规定的从事学历教育的民办学校"，并强调"税收优惠政策并非以是否政府举办为条件，而是以是否从事学历教育为条件，无论公办还是民办学校，只要符合从事学历教育这一条件，均可以享受税收优惠政策"。本书认为，现行政策已体现了公办学校与民办学校的税收政策待遇的统一，符合《民办教育促进法》的精神。由此可见，现行有效的财税〔2004〕39 号文、财税〔2006〕3 号文及财政部答复，均已明确将符合规定的从事学历教育的民办学校取得的学费收入纳入了免税收入范畴，这也是财政部认为现行政策已体现了公办学校与民办学校的税收政策待遇的统一，且未对民办学校颁布免税新政策的原因。

而对于不收取学费、住宿费收入的企业所得税是否要求纳入行政管理的问题而言，学费、住宿费是否纳入财政预算管理，仅是行政管理中的一环，不能以此作为判断是否应当纳税的标准。并且，民办学校对普通本科、专科学生进行的学历教育属于代行政府职能具有政府公共管理和公共服务性质的行为。

《财政部、教育部关于严禁截留和挪用学校收费收入加强学校收费资金管理的通知》（财综〔2003〕94 号）中规定："一、明确学校收费资金管理范围。……（四）各级政府举办的各类高等学校，包括全日制普通高等学校和成人高等学校，按照财政部、国家发展改革委员会、教育部或各省、自治区、直辖市人民政府规定收取的学费、住宿费、委托培养费、短训班培训费收入"；"二、深化学校收费资金'收支两条线'管理。学校收费资金必须严格按照国家有关规定全额上缴同级财政专户或国库，实行'收支两条线'管理。各级财政部门应当按照保障学校正常运转和促进教育事业发展的原则，将学校收费资金逐步纳入收入收缴改革范围……"；"三、确保学校收费资金全部用于教育事业发展。……其中……学费等收入统筹用于办学支出。"《湖南省民办教育收费管理办法》第 13 条更是明确指出"捐资举办的民办学校和出资人不要求取得合理回报的民办学校，其收费按行政事业性收费管理"。

由以上政策可知，民办学校学费、住宿费、培训费收费本质上也是按行政事业性收费进行管理。但是，从实际操作来看，财政部、教育部等相关部门暂未将民办学校学费、住宿费收入纳入财政预算资金管理或财政预算外资金专户管理，且未纳入财政预算资金管理或者财政预算外资金专户管理并非民办学校的主观意愿。

经查询各省市现行有效的定价目录可知，上海市对于民办非营利中小学学历教育的学费、住宿费授权区人民政府定价；安徽省对于非营利性民办学校学历教育学费、住宿费标准由省价格主管部门或授权市、县人民政府定价；福建省对于非营利性民办学历教育收费则区分独立学院学费、住宿费收费标准、辖区内由设区的市及其以上教育行政部门批准设立的民办中、小学校学费、住宿费收费标准等，由省价格主管部门或者授权设区的市人民政府定价；此外，还有辽宁省、甘肃省、四川省等对非营利性民办学校收取学费、住宿费等定价主体进行了规定。故各省市对于非营利性民办学校收取学费、住宿费的定价主体并不统一。部分省市将非营利性民办学校收取学费、住宿费纳入财政管理范畴，但若将是否纳入财政管理范畴作为区分是否对民办学校收取的学费、住宿费收入征收所得税的标准将陷入逻辑错误，据此也应排除"财税〔2008〕151号通知"的适用。

　　故对非营利性民办学校收取的学费、住宿费免征所得税不应当以政府举办或纳入行政管理为准。

四、"财税〔2009〕122号通知"的合法性问题

　　从"财税〔2009〕122号通知"的权源来看，根据《企业所得税法》第26条第4项规定，符合条件的非营利组织的收入为免税收入。《企业所得税法实施条例》第85条规定："企业所得税法第二十六条第（四）项所称符合条件的非营利组织的收入，不包括非营利组织从事营利性活动取得的收入，但国务院财政、税务主管部门另有规定的除外。"法律但书是在一个法律条文作出一般规定之后，加上限制该一般规定适用的特别规定。如果但书之前的主文有多个并列的完整性规定，那么但书只适用于与其最邻近的那个主文。按照此解释规则，《企业所得税法实施条例》第85条的但书应为对"不包括非营利组织从事营利性活动取得的收入"的但书，意为财政、税务主管部门可对"非营利组织从事营利性活动取得的收入"是否免征所得税另行规定，而并未授权对"非营利组织取得的非营利收入"另行规定。"财税〔2009〕122号通知"作为规范性文件，根据《企业所得税法》第26条及《企业所得税法实施条例》（国务院令第512号）第85条的规定制定，但是上述规定却并未授权对"非营利组织取得的非营利收入"另行规定，故"财税〔2009〕122号通知"不具有合法性。

　　从该文件内容看，《企业所得税法》第26条规定："企业的下列收入为免税收入：……（四）符合条件的非营利组织的收入。"《企业所得税法实施条例》第85条规定："企业所得税法第二十六条第（四）项所称符合条件的非营利组织的收入，不包括非营利组织从事营利性活动取得的收入，但国务院财政、税务主管部门另有规定的除外。"按照《企业所得税法》的规定，符合条件的非营利组织收入为免税收入，即非营利组织取得的收入均为免税收入。而《企业所得税法实施条例》将其限缩解释，排除了"非营利组织从事营利性活动取得的收入"，并将排除的内容授权财政、税务部门另行规定。

根据《企业所得税法》与《企业所得税法实施条例》的规定，只要是非营利组织的非营利收入，就应当作为免税收入，而"财税〔2009〕122 号通知"对"符合条件的非营利组织企业所得税免税收入范围"用列举的方式进行了限制性规定，在一定程度上缩小了符合条件的非营利组织依法应该享受的所有非营利性收入免税的权利，与《企业所得税法》和《企业所得税法实施条例》的立法精神有所偏离。

《民办教育促进法》第 47 条规定："民办学校享受国家规定的税收优惠政策；其中，非营利性民办学校享受与公办学校同等的税收优惠政策。"即非营利性民办学校的学费、住宿费收入应与公办学校的税收政策一致，属于不征税收入，而"财税〔2009〕122 号通知"对非营利组织企业所得税免税收入范围进行限制，与《民办教育促进法》相抵触。

同时，《民办教育促进法》第 19 条第 1 款、第 2 款、第 3 款规定："民办学校的举办者可以自主选择设立非营利性或者营利性民办学校。但是，不得设立实施义务教育的营利性民办学校。非营利性民办学校的举办者不得取得办学收益，学校的办学结余全部用于办学。营利性民办学校的举办者可以取得办学收益，学校的办学结余依照公司法等有关法律、行政法规的规定处理。"如按照"财税〔2009〕122 号通知"的处理方式，则是将营利性民办学校与非营利性民办学校在企业所得税上进行无差别对待，这将使得《民办教育促进法》中对营利性与非营利性民办学校的选择成为一纸空文。"财税〔2009〕122 号通知"属于财政部与税务总局发布的效力较低的规范性文件，而《民办教育促进法》属于全国人大常委会制定的法律、《民办教育促进法实施条例》属于国务院制定的行政法规，故"财税〔2009〕122 号通知"也与法律、行政法规相抵触而无效。

综上所述，"财税〔2009〕122 号通知"不具有合法性，依据该规范性文件认定非营利性民办学校收取的学费、住宿费应当征收所得税的结论亦有失偏颇。

五、非营利性民办学校收取的学费、住宿费为非营利性收入

目前，在国家财政基本不投入的情况下，民办学校的收入来源主要有

三个方面：一是开展学历教育收取的学费、住宿费，二是针对学生举办的各类培训班收入，三是其他服务性收入。

首先，对于非营利性民办学校收取的学费、住宿费来说，该部分收入全部用于从事公益性或者非营利性的教学活动，学校财产及其孳息不可用于股东股利分配。作为非营利性组织，非营利性民办学校注销后的剩余财产亦仅用于公益性或者非营利性目的，学校办学者对投入该组织的财产不保留或者享有任何财产权利。据此来看，非营利性民办学校收取的学费、住宿费属于非营利收入。

其次，民办学校举办学历教育与公办学校的属性是一致的，民办学校的准公共服务属性以及对于教育本身的巨大贡献都和公办学校一致。如民办学校的各项基础设施投入、教学运行经费投入等所有办学指标与公办学校一致，同时也需要受国家教育行政管理部门监管等。从非营利民办教育公益属性定位来说，其收取的学费、住宿费收入也应当是非营利性收入。

再次，从实质课税原则来看，实质课税原则作为税收四大原则之一，要求按照一项交易在经济上的目的、经济的结果和经济来往的实质来确定是否应当进行课税，其考察的是交易背后的纳税人真实的税收负担能力。从理论上，该原则主张的是在经济上获取、支配、享受商品收入、所得、财产的主体，才是课税对象所归属的纳税主体，而那些仅在名义上取得上述征税对象，在实际上并不能支配或从中获益的主体，并不是真正的应税主体。就非营利性民办学院收取的学费、住宿费来说，流入这些学校的学费、住宿费在支付必要的费用之后，只能用于章程确定的目的事业，而不能挪作他用，更不能自行分配。因此，实际上，非营利性民办学校对于收取的学费、住宿费并无独立支配权，也无法从中获利。故从实质课税原则来看，非营利性民办学校收取的学费、住宿费也应当属于非营利收入，从而免征企业所得税。

最后，从共同富裕理念来说，共同富裕是中国特色社会主义的发展目标，2021 年 12 月召开的中央经济工作会议提出，要发挥分配的功能和作用，坚持按劳分配为主体，完善按要素分配政策，加大税收、社保、转移支付等的调节力度，支持有意愿有能力的企业和社会群体积极参与公益慈善事业。而个人出于自愿，在习惯与道德的影响下把可支配收入的一部分或大部分捐赠出去，可称为"第三次分配"。非营利性民办学校正是办学者将可支配收入向社会捐赠而成立的，符合共同富裕的理念。《民办教育促进法》也明确规定"民办教育事业属于公益性事业，是社会主义教育事业的组成部分"。贸然向非营利性民办学校学费、住宿费征收企业所得税，必将影响办学者对于"营利性"与"非营利性"的选择，从而导致民办学校办学者大批转向选择营利性办学，不符合共同富裕的理念，在此过程中也未发挥税收在支持有意愿有能力的企业和社会群体积极参与公益慈善事业的调节作用。故将非营利性民办学校收取的学费、住宿费列为非营利收入，从而对非营利学校的学费、住宿费免征企业所得税也是共同富裕的应有之义。

综上所述，依据"财税〔2009〕122号通知"与"财税〔2008〕151号通知"，认定非营利性民办学校收取的学费、住宿费应当收取企业所得税实际上存在逻辑错误。本书认为，根据《企业所得税法》《企业所得税法实施条例》《民办教育促进法》《民办教育促进法实施条例》以及"国发〔2016〕81号意见"等法律法规和国家有关政策，应当认定非营利性民办学校与公办学校享有同等待遇，同时认定非营利性民办学校收取的学费、住宿费属于非营利性收入，对此二项费用免征企业所得税。

第 十 章

落实税收优惠政策　促进非营利性民办教育发展

随着我国教育事业的不断发展，非营利性民办学校逐渐成为我国教育领域的重要组成部分。然而在非营利性民办学校收入征税问题上存在较大争议，其中企业所得税的征收问题尤为突出。完善非营利性民办学校税收待遇对于完善民办学校税收政策、推进教育事业的健康发展、提升我国教育质量具有重要的理论和实践意义。目前国内关于非营利性民办学校，在增值税等税种上，并没有区别对待营利与非营利性质，都给予了相同的税收政策。根据国务院印发的《国务院关于鼓励社会力量兴办教育促进民办教育健康发展的若干意见》的精神，应当在企业所得税优惠政策上区别对待营利性质与非营利性质的办学行为。

一、对非营利性民办学校学费、住宿费收入征收企业所得税缺乏法律依据

（一）对民办学校学费、住宿费收入征收企业所得税不符合现有民办教育政策法规

2016 年 11 月 7 日，新修正的《民办教育促进法》对民办学校实行非营利性和营利性分类管理，规定明确非营利性民办学校享受与公办学校同等的税收优惠政策。2016 年 12 月 29 日，《国务院关于鼓励社会力量兴办教育促进民办教育健康发展的若干意见》（国发〔2016〕81 号）进一步明

确非营利性民办学校与公办学校享有同等待遇，按照税法规定进行免税资格认定后，免征非营利性收入的企业所得税。而公办学校的学费、住宿费收入属于不征税收入，无须缴纳企业所得税，特别法规定的"同等待遇"非营利性民办学校的学费、住宿费收入也不应当缴纳企业所得税。按照"上位法优于下位法、新法优于旧法"的原则，继续按照"财税〔2009〕122 号通知"对非营利性民办学校征收企业所得税并不符合修正后的《民办教育促进法》等政策法规的规定。非营利性民办学校学费和住宿费与公办学校上述费用性质相同、用途相同、结余管理方式相同，应享受同样的税收优惠政策。《民办教育促进法》通过支持非营利性民办学校与公办学校一样享受学费、住宿费收入在增值税、企业所得税等税种税收待遇的同等性，明确营利性与非营利性是区别待遇，营利性民办教育只享受税法规定的优惠的待遇，而非营利性民办学校与公办院校享有同等待遇，通过差别化扶持鼓励社会力量举办非营利性教育事业，促进非营利性民办教育事业发展。

（二）向非营利性民办学校非营利性收入征收企业所得税不符合非营利性办学方向的定位

非营利性民办学校按照《企业所得税法》及其实施条例规定，应当享受与公办学校同等的税收待遇，免征非营利性收入的企业所得税。2016 年修正的《民办教育促进法》明确非营利性民办学校区别于营利性民办学校，在税收、用地等多个方面享受优惠政策，以此鼓励社会力量举办非营利性民办学校。如果非营利性民办学校与营利性民办学校一样需要缴纳学费收入的企业所得税，那么民办学校举办者选择非营利性的办学热情会受到伤害，进而大量选择举办营利性民办学校，这就背离了国家对民办学校实行分类管理的初衷。如果对于非营利性民办学校也采取与营利性民办学校同样的企业所得税政策，必然将更多的民办学校推向了营利性民办学校的阵营，则有违我国民办学校"营利性与非营利性"分类管理的改革初衷，从而挫伤一些非营利性民办学校举办者、办学者长期办学的积极性。全国各省凡 2016 年 11 月 7 日后设立的民办高校均为非营利性高校，而对 2016 年 11 月 7 日前设立的民办高校分类登记工作都在观望，均没有按原定时间完成分类登记工作，仍然是参照非营利性进行管理。以湖南省为例，目前有少数非营利性民办学校正在被地方税务部门征税，社会反响较大，尚未完成分类登记的民办学校观望等待，希望从这个企业所得税税收政策上进一步明确非营利性与营利性办学行为将会采取何种税收区别。

（三）对非营利性民办学校学费等非营利性收入征税不符合民办教育公益性原则

非营利性民办学校的公益属性体现在以下几个方面：其一，教育公共服务：非营利性民办学校以提供教育服务为主要宗旨，致力于为社会提供高质量的教育资源。它们通常遵循公益性原则，以满足社会对教育的需求为出发点，并秉承公平、公正、公开的教育理念。其二，社会责任：非营利性民办学校承担着培养人才、传承文化、扩大教育机会等社会责任。它们致力于提供符合社会需要的教育服务，不仅关注学生的学习成绩和能力培养，还注重培养学生的品德、社会责任感和创造力。其三，教育成本控制：相比营利性教育机构，非营利性民办学校更关注教育的可负担性和公平性。它们通常以公益为宗旨，不以营利为目的，将收入主要用于教育资源和师资队伍的建设，以提供质优价廉的教育服务。其四，教育创新和社会影响力：非营利性民办学校常常具有更大的教育创新和实验的空间，能够推动教育领域的改革与发展。其五，非营利性民办学校具有社会主义教育事业的共有属性，属于公益性教育事业的组成部分，是公办教育事业的重要补充力量，为社会培养多元的社会建设者和发展者，这点于公办教育事业的公益属性并无差异。非营利性民办学校通过提供教育公共服务、承担社会责任、控制教育成本以及推动教育创新，体现了其公益属性。

政府在对这类学校制定相关政策时，通常会考虑到它们的公益性质，并给予相应的支持和税收优惠。《民办教育促进法》规定，"非营利性民办学校的举办者不得取得办学收益，学校的办学结余全部用于办学"，"民办学校收取的费用应当主要用于教育教学活动、改善办学条件和保障教职工待遇"。举办者的出资视为捐赠，终止清算后的剩余资产捐赠用于其他非营利性办学。这一切均表明非营利性民办学校与公办学校一样都具有同样的公益性和社会公共产品属性。新的法律法规强调的"同等待遇"正是对这些特性的认可。对非营利性民办学校征收企业所得税等税收可能会对其公益性使命和教育目标产生负面影响。非营利性民办学校通常以服务社会和提供优质教育为宗旨，追求教育公益性而非营利性。因此，征收企业所得税极大可能将使民办教育以追求利润为目的限制学校的发展和实现公益目标的能力。许多国家和地区的政府都意识到了这个问题，并采取一系列措施来减免或免除非营利性民办学校的企业所得税等税收。这种做法可以保证学校能够更好地保障教学投入，提供优质教育服务，从中受益的是社会公众和千万学生及家长。政府在制定相关税收政策时应综合考虑非营利性民办学校的公益性质和社会效益，通过税收优惠措施来支持和鼓励非营利性民办学校为社会提供优质教育。

（四）根据税收法定原则，不得征收非营利性民办学校学费收入企业所得税

对于非营利性民办高校收取的学费、住宿费等收入征收企业所得税是否存在地方差异。一般情况下，非营利性民办高校的学费、住宿费等收入可以被视为学校收入的一种。在许多国家和地区，非营利性民办高校通常享有一定的税收豁免或者税收优惠。政府在制定相关税收政策时，考虑到这些学校的社会公益属性和教育使命，往往会对其经营收入实行一定的减免或免除企业所得税的政策。就目前我国关于非营利性民办高校学费、住宿费收入是否征收企业所得税的问题，国内各地方的税收实践是存在较大差异的。多年来，虽然民办学校学费、住宿费收入未被纳入免征企业所得税收入范围，但税务部门对不取得回报的民办幼儿园和学历教育学校学费、住宿费收入并未征收企业所得税。根据《民办教育促进法》特别法的规定，非营利性民办学校享受与公办学校同等税收待遇，公办学校不征收，民办学校也不征收才是"同等"的应有之义。

目前，绝大部分地区没有启动学费等非营利性收入所得税的征缴工作。不取得回报的民办学校在开展成本核算时，并未将企业所得税纳入办学成本考量范围。若突然对非营利性民办学校征收学费、住宿费收入的企业所得税，甚至追缴以往收入的企业所得税，非营利性民办学校为了维持收支平衡，只能提高学费标准，最终将成本转嫁到学生身上，加重学生家庭经济负担。目前，国内民办高校企业所得税征缴情况，以湖北省为例，湖北省79所民办高校基本纳入税务服务和管理的"笼子"，主要采取由民办高校自主申报的方式缴纳企业所得税，2021年湖北省79所民办高校和

所有民办中小学校一共缴纳企业所得税 3321 万元，其中大部分是民办中小学校缴纳的，也就是说平均到 79 所民办高校自主申报缴纳的企业所得税也就 20 万元左右。这里面主要是学校营利性收入产生的企业所得税，关于学费、住宿费等非营利性收入并未开展税收征缴工作。到目前为止，税务部门并未对民办高校开展税务稽查。同时江西省截至目前均没有征收非营利性民办学校学费、住宿费收入的企业所得税，处于分类登记观望中的民办高校也还没有选择登记为营利性。外省实质上并未对非营利性民办高校征收学费、住宿费等非营利性收入，开展企业所得税征缴工作。根据税收法定原则，对非营利性民办高校学费、住宿费收入不得征收企业所得税应当依法明确。

二、落实税收优惠政策，促进非营利性民办教育发展

（一）明确非营利性民办学校与公办学校享受同等的税收优惠待遇

当前，许多国家都制定了相应的民办教育政策法规，以明确非营利性民办学校与公办学校享受同等的税收优惠待遇。《民办教育促进法》第 47 条对民办学校和非营利性民办学校进行税收待遇的区别对待，明确非营利性民办学校享受与公办学校同等的税收优惠政策。根据非营利法人的性质，民办学校根据《民办教育促进法》的规定选择为营利性办学方向后，具有非营利性法人和非营利性办学性质的社会属性。但是税收优惠待遇在税收实践中落实，还需要以下几个方面的政策支持。一是明确非营利性民办学校与公办学校同等的税收待遇的主管部门和落实同等税收政策的行政程序。非营利性民办学校须满足一定的资格要求和审查程序，税务、教育主管部门应当对其职能范围的职责加以明确，设立相关的资格审核机制，对非营利性民办学校办学目标、财务状况、资金来源和用途等审核，以确保其符合非营利性质的条件。二是税收免除范围：法规通常明确了非营利性民办学校可以享受的税收优惠，包括免除企业所得税等。这意味着非营利性民办学校在符合条件的情况下，非营利性收入如政府补助、学费、住宿费等免交企业所得税，享受与公办学校同等税收待遇。三是对非营利性民办学校的资金监管。作为非营利性民办学校在享受优惠待遇的同时，满

足免税待遇的资金应当符合非营利性的使用用途，服务于非营利性的教育事业。通常对非营利性民办学校的资金来源和用途设有限制，确保非营利性民办学校的运营符合非营利性质的条件，并避免滥用税收优惠。四是加强监督和审计机制。税务和教育主管部门建立相应的监督和审计机制，对非营利性民办学校进行监督和审计，以确保其符合相关要求和规定。五是提供政策指导和培训，帮助非营利性民办学校了解税收优惠政策的具体内容和申请流程。这有助于民办学校合规运营，更好地享受税收优惠待遇。六是加强信息公开和沟通，向民办学校和社会公众充分解释政策内容和申请程序。政府的相关部门和教育主管部门应密切合作，确保政策的顺利实施和监督，保障税收优惠政策的公正和有效执行。

（二）现有法治精神从税收政策上支持引导社会力量主办非营利性教育事业

从我国的社会主义公有制属性、教育的公益性、社会的发展、满足人民群众多样化教育需求而言，在政策设计上，希望通过差异化的政策待遇来吸引更多的民办学校选择登记为非营利性民办学校。对不同类型的学校采取不同的税收政策待遇，可以通过税收杠杆无形的手来影响民办学校的非营利性选择。

从税收政策上支持引导社会力量主办非营利性教育事业有助于实现多元化教育供给：社会力量主办的非营利性教育机构可以增加教育供给的多样性和多样化选择，丰富了教育体系，满足不同人群的教育需求。国家支持社会力量办学可以促使教育资源更加分散、更加平衡、更加普及，提高教育的公平性。同时，也有利于缓解教育资源压力：社会力量主办的非营利性教育机构可以分担公办教育体系压力，扩大教育供给的规模，解决教育资源不足的问题。这对于人口多、教育需求大的地区特别重要，可以有效缓解公立学校的招生压力，提升教育资源的分配效率。再者，有助于优化资源配置：社会力量主办的非营利性教育机构吸引了更多的社会资源投入教育领域，包括人力、物力和资本等。国家通过税收政策的支持和引导可以帮助这些机构更好地管理和利用这些资源，优化资源配置，推动教育事业的发展。

从税收政策上支持引导社会力量主办非营利性教育事业可以从以下几

个方面着手。首先，税收政策可以通过设定税收减免或免征的规定，鼓励社会力量参与教育事业并创办非营利性教育机构。例如，可以对非营利性教育机构的企业所得税进行减免或免征，降低其经营成本，鼓励更多社会资源投入教育领域。其次，税收政策可以规定对捐赠给非营利性教育机构的款项给予税收优惠。比如，对个人和企业捐赠给教育机构的资金、物资等进行减免或免征相关税费，以激励更多的捐赠行为并促进教育资源的公平分配。通过这些税收政策的支持和引导，社会力量可以更积极地参与教育事业，促进教育资源的优化配置，提高教育质量和公平性，进一步推动教育事业的发展。

（三）非营利性办学方向是教育事业公益化发展的价值追求

非营利性教育事业指的是以非营利为目的、以公益为宗旨的教育活动，在经营和运作中不以牟利为目的的教育机构和组织。教育作为一项重要的公益事业，其目标是为个体的全面发展和社会的进步贡献力量。非营利性办学方向将教育定位为公益事业，注重个体的发展和社会利益。非营利性教育机构不以营利为目的，而是将教育资源和服务更加公平地分配给全社会的学生和家庭，追求社会效益最大化。非营利性办学方向通过提供质量保障和普惠性的教育服务，努力缩小教育机会的差距，促进教育的公平性。非营利性教育机构更注重教育资源的合理配置、教育费用的合理收取和教育机会的均等化，为有不同背景和需求的学生提供平等的机会和条件。以提升教育质量为导向，提供高质量的教育服务。非营利性教育机构通常更注重教育的核心价值和教育的综合质量，以培养学生的全面素质为目标，推动教育水平的提高和教育改革创新。非营利性教育事业强调教育机构的社会责任和公共服务使命。非营利性教育机构致力于满足社会对优质教育的需求，承担起教育推动社会进步的重要角色。在教育事业公益化的追求中，非营利性办学方向对于推动教育公平、提高教育质量和发挥教育的社会效益起到了重要作用。同时，也需要相关政府部门和社会各界的支持和合作，共同努力为全社会提供更好的教育资源和服务。

落实税收优惠政策是促进非营利性民办教育发展的重要措施之一。差异化给予营利性和非营利性民办教育税收优惠，鼓励更多社会力量参与非营利性教育事业，推动教育的多元化和公益化发展。通过落实税收优惠政策，可以为非营利性民办教育机构创造更加良好的经营环境，提供更多的发展机会。同时，也能够激励社会各界广泛参与教育事业，共同推动教育公益化的进程。当然，税收优惠政策的制定和落实也需要细致考虑，确保资源的合理分配和优化利用，防止滥用和误用。非营利性民办学校免征企业所得税的问题，目前需要出台法律法规，进一步细化和明确相关规定落实非营利性民办教育享受的税收待遇，从而推动非营利性教育事业的发展。

第 十 一 章

行政执法相对人申述：关于长沙医学院
涉税情况的汇报

一、税务稽查基本情况

案件情况

自办学 35 年以来，长沙医学院每年都是按税务局要求按季度申报企业所得税，学费、住宿费与全国其他非营利性民办学校一样作为不征税收入进行申报，每年在进行企业所得税年度汇算清缴时，税务部门从未提出异议。

2020 年 11 月 5 日，当地税务部门对长沙医学院 2016 年至 2020 年涉税情况进行检查。要求学校缴纳非营利性学费收入企业所得税 3.5 亿元并以每天万分之五征缴滞纳金。并函至学校称"无论是否取得非营利组织免税资格，长沙医学院学费收入都不属于企业所得税免税收入，应并入学院收入总额征收企业所得税"。

作为教育领域的民营经济，民办教育是中国教育事业的重要组成部分和重要增长点。《民办教育促进法》规定，民办学校与公办学校具有同等的法律地位，非营利性民办学校享受与公办学校同等的税收待遇。而长沙税务部门以民办学校学费、住宿费没有纳入财政专户管理和财税（2009）122 号文件中没有明确非营利性民办教育学生学费、住宿费不属于免税收入为由，认定不管是营利性还是非营利性民办学校，不管是否办理免税资格，民办学校的学生学费、住宿费等非营利性收入均需要征缴企业所得税并加收滞纳金，与《民办教育促进法》相比，税法是一般法，"财税（2009）122 号通知""财税（2008）151 号通知"是内部文件，不是法律，这一征缴行为不仅适用法律错误，缺乏法律依据，更是对民营经济、民办教育的选择性执法。

二、关于长沙医学院性质

长沙医学院是在湖南省民政厅登记的民办非企业单位，根据《民办非企业单位登记管理暂行条例》（国务院令第 251 号）关于"本条例所称民办非企业单位，是指企业事业单位、社会团体和其他社会力量以及公民个人利用非国有资产举办的，从事非营利性社会服务活动的社会组织"的规定，为从事非营利性社会服务活动的社会组织，属于非营利性组织。

根据《民办教育促进法》规定："非营利性民办学校的举办者不得取得办学收益，学校的办学结余全部用于办学。"学院章程第 73 条明确规定："举办者不要求取得合理回报，不能享受分红，不能从办学经费结余中取得任何收益，所有办学经费结余只能用于学校发展再投资办学。"

教育部、国家发展改革委、财政部、国家市场监督管理总局、国家新闻出版署印发《关于进一步加强和规范教育收费管理的意见》（教财〔2020〕5 号）明确规定：2016 年 11 月 7 日以前设立的民办学校，在未完成分类登记相关程序前收费政策按非营利性民办学校管理。根据湖南省民办学校分类登记相关要求，民办学校分类登记截止日期为 2022 年 8 月 31 日，在分类登记完成前按照非营利性民办学校进行管理。

三、关于不应征税的法律依据

（一）非营利性民办学校符合税法上关于非营利组织的条件

根据《企业所得税法》第 25 条，国家对重点扶持和鼓励发展的产业和项目给予企业所得税优惠。第 26 条第 4 项规定"符合条件的非营利组织的收入"为免税收入，《企业所得税法实施条例》第 84 条、第 85 条对

《企业所得税法》第 26 条第 4 项规定的"条件"作出了明确规定。第 84 条对非营利组织的条件进行了明确，并对非营利组织的认定管理办法明确由国务院财政、税务会同有关部门制定。据此，也就明示了税法上对免税资格的认定应当是国务院财政、税务会同有关部门如教育、民政等有关部门制定法规性文件，而非税务部门出台规范性文件作为普适性的执法依据，这与依法治国、依法行政的治国理念相悖。根据第 84 条要求，对非营利组织的认定不等于税务部门有免税资格认定的权限。根据现有税法规定，第 84 条已经对非营利组织的条件进行了明确，符合第 84 条之规定条件的应属非营利组织。

（二）非营利性民办学校学费符合税法上关于非营利收入的要求

《企业所得税法实施条例》第 85 条对非营利收入进行了明确，并未授权税务部门有权对免税收入进行正列举式缩小解释。第 85 条明确非营利组织收入，不包括非营利组织从事营利性活动取得的收入。税务部门以"财税〔2009〕122 号通知"对免税收入的一一列举，从而缩小非营利性收入的范围，突破了第 85 条的立法精神。非营利性民办学校从事非营利性教育活动取得的学费符合第 85 条规定的非营利组织的收入的有关要求，不属于第 85 条所规定的从事营利活动取得的收入。从税收法定原则看，非营利性民办学校符合《企业所得税法》及其实施条例关于非营利组织的条件的规定，学费等符合非营利收入的规定，就应当将非营利性民办学校学费等免征企业所得税。

（三）关于免税资格

根据《民办非企业单位登记管理暂行条例》有关民办非企业单位规定，税务部门独占免税资格认定权，将民办非企业的主管部门（民政、教育部门）的免税资格认定权排除在外，显然违反法律规定。税法上对免税资格的认定应当是国务院财政、税务部门会同有关部门如教育、民政等部门制定规范性文件，而财政、税务部门出台内部文件，既充当运动员，又充当裁判员，还当规则制定者，免税资格认定不具有合法性。税务部门在征税活动中，不能享有对被征税单位的免税资格认定权和豁免权。

（四）教育法规支持不征收非营利性民办学校学费等企业所得税

2016 年 11 月 7 日，新修正的《民办教育促进法》对民办学校实行非营利性和营利性分类管理，《民办教育促进法》第 47 条规定，"民办学校享受国家规定的税收优惠政策；其中，非营利性民办学校享受与公办学校同等的税收优惠政策"。《国务院关于鼓励社会力量兴办教育促进民办教育健康发展的若干意见》明确"非营利性民办学校与公办学校享有同等待遇，免征非营利性收入的企业所得税"。按照"上位法优于下位法、新法优于旧法"的原则，继续按照财税〔2009〕122 号文件对非营利性民办学校征收企业所得税并不符合修正后的《民办教育促进法》等政策法规的规定。教育部明确指出民办学校与公办学校的学费、住宿费性质相同、用途相同、结余管理方式相同，非营利性民办学校投资人不要求取得合理回报，办学节余全部用于学校发展。与公办学校一样，对学费不征收企业所得税才是与公办学校享有同等待遇的应有之义。

（五）关于滞纳金

根据税收法定原则，税务部门在加收滞纳金的过程中也应当严格依据法定事由，对于法律未明文规定的情形，不得进行类推适用而任意加收滞纳金。根据《税收征收管理法》第 32 条和第 52 条第 2 款、第 3 款的规定，加收税收滞纳金仅限于三类法定情形：纳税人未按照规定期限缴纳税款；自身存在计算错误；故意偷税、抗税、骗税的。

长沙医学院基于《民办教育促进法》的规定享有与公办学校同等的免税优惠政策，学校不属于前述规定加收滞纳金的法定情形。连税都不应当征收，何谈滞纳金？长沙医学院基于对税务部门长期征税行为的信赖而进行纳税申报，不存在过错。并且，学校一直依法申报税款，税务部门从未对此提出过异议，也未进行过纳税提醒及宣传。依据《税收征收管理法》第 52 条第 1 款"因税务部门的责任，致使纳税人、扣缴义务人未缴或者少缴税款的……但是不得加收滞纳金"的规定，税务部门不应对学校加收滞纳金。

四、对非营利性民办学校征收学费、住宿费企业所得税的不良社会影响

（一）税务部门对长沙医学院征税，与今后全国民办学校学费、住宿费是否缴纳企业所得税具有直接导向性，破坏营商环境，影响分类登记

湖南税务部门在向各级领导的报告文件中说，其与湖南教育部门共同

考察了北京、湖北、海南等个别省份，其开始了企业所得税规范管理，但尚未开始对学费征收企业所得税。也就是说，税务部门明确知晓全国尚未对非营利性民办学校学费、住宿费等开征企业所得税。由于湖南省还在摸索规范管理中，尚未形成标准和先例，税务部门希望通过对长沙医学院的所谓"以案执法"发挥警示作用。这提法不符合法治政府建设要求，可能破坏公平公正的营商环境，没有考虑政治稳定和依法执政的重要性和严肃性。

2016 年修正的《民办教育促进法》明确非营利性民办学校区别于营利性民办学校，在税收、用地等多个方面享受优惠政策，以此鼓励社会力量举办非营利性民办学校。如果非营利性民办学校与营利性民办学校一样需要缴纳学费收入的企业所得税，那么民办学校举办者选择非营利性的办学热情会受到伤害，进而大量选择举办营利性民办学校，这就背离了国家对民办学校实行分类管理的初衷。

（二）破坏非营利性民办学校现有运转规律

根据现有法律规定，非营利性民办学校的办学结余不具有可分配性，非营利性民办学校的主管单位、主管法律和章程都明确，不取得利润，企业所得税征税对象是企业利润，征税之后投资人可以就税后所得进行分配。税务部门将公益性教育事业的学费、住宿费结余定义为利润征收企业所得税后，可以分配，投资人可以取得回报，也可用于其他途径使用，这将直接与民办学校的主管法律存在直接冲突，不管从执行税收过程还是执法结果来看，在对民办学校税收处理过程中会发生矛盾，即结余分配方式到底是遵守《民办教育促进法》还是《企业所得税法》？因而，不对非营利性收入征收企业所得税才是依法征税、依法行政的价值追求。

（三）从征税实践和法律解释来看，应当从对行政相对人有利的方面出发。对非营利性民办学校征税不符合民办教育公益性原则

学费、住宿费是保障教育教学的唯一收入来源，本次关于所得税征收与否，必然成为行业风向标。多年来，税务部门对不取得回报的民办幼儿园和学历教育学校学费、住宿费收入并未征收企业所得税。不取得回报的民办学校在开展成本核算时，并未将企业所得税纳入办学成本考量范围。

若突然对民办学校征收学费、住宿费收入的企业所得税，甚至追缴以往 5 年的企业所得税，民办学校为了维持收支平衡，只能提高学费标准，最终将成本转嫁到学生身上，加重学生家庭经济负担。目前有各级各类非营利性民办学校近 19 万余所，如果对这些学校全面征收企业所得税，那么为了保障教学质量维持教学开支学校将被迫涨学费，全国现有近 6000 万人的在校学生将受到直接影响。学校结余是用于学校发展的，特别是民办学校的重大建设规划，需要积累多年的办学结余才能实现。像长沙医学院各银行账户现有结余资金合计 24 亿余元，由于受疫情影响等的原因，学校教学医院相关的基础设施建设开工多次延期，造成资金没有及时使用。长沙医学院正在建设的附属医院、对学校提质改造以及开展 800 亩新校区建设合计需要投入 23.1 亿元。如果对其征收企业所得税，长沙医学院这些用于教育教学再发展的必须项目将被迫停工。

（四）外省没有对非营利性民办高校学费、住宿费收入实质性征收企业所得税

2022 年 4 月 4 日，湖南省税务部门和省教育厅相关工作人员也一起赴湖北省考察了民办高校企业所得税征缴情况，其情况是：湖北省 79 所民办高校基本纳入税务服务和管理的"笼子"；主要采取由民办高校自主申报的方式缴纳企业所得税；2021 年湖北省 79 所民办高校和所有民办中小学校一共缴纳企业所得税 3321 万元，其中大部分是民办中小学校缴纳的，也就是说平均到 79 所民办高校自主申报缴纳的企业所得税也就 20 万元左右，这里面仅征收了学校营利性收入产生的企业所得税；到目前为止，税务部门并未对民办高校开展税务稽查。目前，民办高校均没有被征收学费、住宿费收入的企业所得税。因此，外省实质上并未对非营利性民办高校征收学费、住宿费收入的企业所得税。

（五）教育是公益性事业不是以营利为目的的企业。征收巨额企业所得税违背教育公益化发展方向

2023 年 5 月 29 日，习近平总书记在中央政治局第五次集体学习时强调，"教育大国到教育强国是一个系统性跃升和质变，必须以改革创新为动力。要坚持系统观念，统筹推进育人方式、办学模式、管理体制、保障

机制改革，坚决破除一切制约教育高质量发展的思想观念束缚和体制机制弊端，全面提高教育治理体系和治理能力现代化水平"，"科技强国、人才强国，建设教育强国、为中华民族伟大复兴提供有力支持，建设教育强国，龙头是高等教育"。学费、住宿费作为非营利性民办学校的主要甚至唯一收入来源，是否征收企业所得税，对将来民办学校营利性与非营利性发展方向，分类登记的选择和价值取向，行业稳定将产生深远的、巨大的影响。发展教育尤其国家大力鼓励支持发展的非营利性教育事业，更要深刻领悟习近平总书记的重要讲话精神，坚决破除一切制约教育高质量发展的思想观念束缚和体制机制弊端。

　　长沙医学院是全国第一所民办医学本科院校，34 年来深耕教育，一心一意只办一件事，作为民办教育行业代表，由于该案件在全国尚属首例，具有极强的示范性。因此就目前出现的争议，急需从现有的法律法规和法理精神出发，恳请各位专家就非营利性民办学校学费等非营利性收入的企业所得税问题提出专业意见和建议。

第 十 二 章

关于长沙医学院企业所得税案的法律意见书

　　2020 年 11 月 6 日至 2021 年 12 月 23 日，当地税务部门对学校 2016 年 1 月 1 日至 2020 年 9 月 30 日涉费税情况进行检查，并分别于 2021 年 5 月 6 日、2021 年 5 月 13 日、2022 年 1 月 13 日向学校送达《税务事项处理通知书》《税务事项处理通知书（复核）》《税务处理决定书》，要求学校缴纳 3.5 亿元税费款及数亿元滞纳金。因税务稽查局的上述行政行为将严重影响学校教育教学、全体师生合法权益及学校权利，关系到学校的声誉及进一步发展，故我们应当审慎对待，深入剖析，以维护权益。

　　税务部门稽查局认定学校"在年度企业所得税申报时，将教育事业收入、门面租金收入及其他收入等按规定不应作为不征税收入的金额进行了纳税调整减少处理，将不应作为不征税收入用于支出所形成的费用进行了纳税调整增加处理；将新增固定资产、新建在建工程、新增土地无形资产在增加当期一次性计入了教育事业支出，减少了应纳税所得额；将上述事项进行纳税调整后，学校少缴企业所得税 351143987.24"的事实认定和法律适用存在争议，主要争议焦点在于学校的学费、住宿费等教育事业收入是否应当缴纳企业所得税？

　　针对此争议焦点，根据税务部门下达的各类通知书和《湖南省教育厅关于请求协调对长沙医学院学费收入免征企业所得税的函》、《全国人民代表大会常务委员会法制工作委员会对民办教育促进法第四十七条有关问题的意见》（法工办发〔2021〕360 号）、《国家税务总局对十三届全国人大五次会议第 2747 号建议的答复》（税总所得函〔2022〕169 号）事实依据，发表如下法律意见，以维护学校合法权益。

一、关于规范性文本分析与适用的意见

关于学校"学费、住宿费等教育事业收入是否应当缴纳企业所得税"涉及的规范性法律文件和政策文件主要有：《中华人民共和国企业所得税法》《中华人民共和国企业所得税法实施条例》《中华人民共和国民办教育促进法》《中华人民共和国民办教育促进法实施条例》《财政部、国家税务总局关于财政性资金、行政事业性收费、政府性基金有关企业所得税政策问题的通知》《财政部、国家税务总局关于非营利组织企业所得税免税收入问题的通知》《财政部、国家税务总局关于教育税收政策的通知》《教育部关于鼓励和引导民间资金进入教育领域促进民办教育健康发展的实施意见》《财政部、国家税务总局关于非营利组织免税资格认定管理有关问题的通知》。

第一，按照规范性文件效力分析可得，上述规范性文件中的"法律"有：《中华人民共和国企业所得税法》《中华人民共和国民办教育促进法》；"行政法规"有：《中华人民共和国企业所得税法实施条例》《中华人民共和国民办教育促进法实施条例》；剩余的规范性文件属于政策性文件。

第二，根据位阶理论，"法律位阶"大于"行政法规"位阶；其余政策性文件一般不能作为法律依据，除非法律法规有明确的"转至条款"，另外国务院的文件效力位阶大于各部门文件效力。所以，上述法律规范性文件中的位阶依次排序为：《中华人民共和国民办教育促进法》、《中华人民共和国企业所得税法》、《中华人民共和国民办教育促进法实施条例》、《中华人民共和国企业所得税法实施条例》、《国务院关于鼓励社会力量兴办教育促进民办教育健康发展的若干意见》、其他文件。换言之，按照"下位法不得与上位法相冲突"的原则，上述规范性文件中低位阶文件不得与高位阶文件相冲突，如果冲突则以高位阶的文件为准。

第三，因本案争议事实的跨度为 2016 年度至 2020 年度，期间涉及规范性文件的适用问题。根据"时间效力"理论，规范性文件的适用应当根据"事实发生"的时间分类适用。对不同版本的文件对比分析后，本案争

议焦点涉及的条文不存在太大变化，只可能是法律依据版本适用错误的问题，但即使版本适用错误，可能并不会给实体内容带来多大改变。

二、关于"企业所得税"问题的实体内容分析与意见

根据《民办教育促进法》第 47 条"民办学校享受国家规定的税收优惠政策；其中，非营利性民办学校享受与公办学校同等的税收优惠政策"和《企业所得税法》第 7 条"收入总额中的下列收入为不征税收入：（一）财政拨款；（二）依法收取并纳入财政管理的行政事业性收费、政府性基金；（三）国务院规定的其他不征税收入"、第 26 条"企业的下列收入为免税收入：……（四）符合条件的非营利组织的收入"的规定，学校"是否应当缴纳学费、住宿费等企业所得税"的关键在于：学校"是否为非营利性组织"？"学费、住宿费等是否为不征税收入"？"是否具有非营利性组织免税资格"？"学费、住宿费等是否属于免税范围"？

（一）长沙医学院是非营利性民办学校，是非营利性组织

根据《民办教育促进法》第 19 条"民办学校的举办者可以自主选择设立非营利性或者营利性民办学校。……民办学校取得办学许可证后，进行法人登记，登记机关应当依法予以办理"和《民办学校分类登记实施细则》第 7 条"正式批准设立的非营利性民办学校，符合《民办非企业单位登记管理暂行条例》等民办非企业单位登记管理有关规定的到民政部门登记为民办非企业单位"的规定，学校是否属于非营利性民办学校应当由"民政部门"认定，而学校的"登记信息"显示，学校登记管理机关为"湖南省民政厅"，社会组织类型为"民办非企业单位"，可见学校是非营利性民办学校。同时，"非营利组织"包括社会团体、基金会、民办非企业单位等，学校应然也是非营利性组织。

（二）学校的"学费、住宿费等"应属于不征税收入

税务部门有关的"公办学校按规定收取学费、住宿费后实行'收支两条线'管理，属于行政事业性收费，在税收上属于不征税收入，即在取得收入的当年不征税，但支出时也不得税前扣除；民办学校取得的学费、住

宿费收入未纳入财政管理，不属于不征税收入，应当按规定缴纳企业所得税"的意见未全面检索适用法律文件，也未充分理解法律文件的立法本意，无理无据。

《民办教育促进法》（2016 年修正）之前的法律仅规定了"民办学校享受国家规定的税收优惠政策"，并未区分非营利性民办学校和营利性民办学校的税收优惠待遇，而在《民办教育促进法》（2016 年修正）第 47 条中却新增了"其中，非营利性民办学校享受与公办学校同等的税收优惠政策"的表述。为什么新增该条款？原因在于非营利性民办学校的特殊性。营利性民办学校是以"营利为目的"的企业，投资举办者是为了分配获得办学收益，而非营利性民办学校则以"非营利为目的"的社会公共服务机构，投资举办者不得取得办学收益，学校的办学结余全部用于办学。本质上，非营利性民办学校做的事业与公办学校一致，在国家教育财政资金不足与人民教育需求不断增加的矛盾下，社会力量投资举办非营利性民办学校属于社会力量替国家履行"发展教育事业"的国家义务的行为，相应的，国家为了鼓励和支持社会力量兴办非营利性民办学校，才在立法上赋予"非营利性民办学校与公办学校同等的税收优惠政策"，这才是《民办教育促进法》新增该条款的本意。同时，这种立法本意的理解在 2012 年 6 月 18 日颁布的《教育部关于鼓励和引导民间资金进入教育领域促进民办教育健康发展的实施意见》"捐资举办和出资人不要求取得合理回报的民办学校执行与公办学校同等的税收政策"的规定中能够印证。

然而，税务部门的逻辑思路是：公办学校"收支两条线"→民办学校"非收支两条线"→适用《企业所得税法》→公办学校不征收企业所得税，而民办学校征收企业所得税。这种逻辑思路明显是忽视《民办教育促进法》，未区分非营利性民办学校和营利性民办学校，机械适用《企业所得税法》的错误逻辑，应当予以纠正。实际上，正确的逻辑思路是：公办学校"收支两条线"属于《企业所得税法》不征收企业所得税的情形而不征税→适用《民办教育促进法》"非营利性民办学校与公办学校同等的税收优惠政策"条款→非营利性民办学校不征收企业所得税，营利性民办学校征收企业所得税。

综上所述，长沙医学院属于非营利性民办学校，学校的"学费、住宿费等"应属于不征税收入。故而，税务部门对学校征收企业所得税是对法律文件的错误适用，是不合法、不合理的行为。

（三）即使学校的"学费、住宿费等"不属于不征税收入，也应当属于免税收入，学校应然地不需要缴纳企业所得税

湖南税务部门在相关回复中讲："如果高校符合税收政策规定的非营利性组织免税资格条件，可向财政、税务部门申请认定非营利性组织免税资格，取得资格后，其取得的下列收入可享受免税政策（非营利组织的下列收入为免税收入：接受其他单位或者个人捐赠的收入；除《企业所得税法》第7条规定的财政拨款以外的其他政府补助收入，但不包括因政府购买服务取得的收入；按照省级以上民政、财政部门规定收取的会费；不征税收入和免税收入孳生的银行存款利息收入；财政部、国家税务总局规定的其他收入）；因此，学校的学费、住宿费收入等不在政策规定的免税收入范围里，即使申请取得非营利性组织免税资格，收取的学费、住宿费等也不能享受免税政策，应当申报缴纳企业所得税。"该回复属于对规范性文件属性的认识不足，并错误地适用法律依据，应当予以纠正。

首先，学校虽未办理非营利性免税资格认定，但在实体上具有非营利性免税资格。根据《企业所得税法实施条例》第84条，即"企业所得税法第二十六条第（四）项所称符合条件的非营利组织，是指同时符合下列条件的组织：（一）依法履行非营利组织登记手续；（二）从事公益性或者非营利性活动；（三）取得的收入除用于与该组织有关的、合理的支出外，全部用于登记核定或者章程规定的公益性或者非营利性事业；（四）财产及其孳息不用于分配；（五）按照登记核定或者章程规定，该组织注销后的剩余财产用于公益性或者非营利性目的，或者由登记管理机关转赠给与该组织性质、宗旨相同的组织，并向社会公告；（六）投入人对投入该组织的财产不保留或者享有任何财产权利；（七）工作人员工资福利开支控制在规定的比例内，不变相分配该组织的财产"的规定，学校完全同时满足该法规定条件，已然具有免税资格。这种"免税资格"具有天然性，任何组织和个人都无权剥夺。

其次，虽然《企业所得税法实施条例》第84条有"前款规定的非营利组织的认定管理办法由国务院财政、税务主管部门会同国务院有关部门

制定"的转至性条款，同时财政部、国家税务总局依据该条款颁布《财政部、国家税务总局关于非营利组织免税资格认定管理有关问题的通知》，对非营利组织免税资格认定管理作出规定，但是该文件并不能否定学校的免税资格。理由是：一是该文件不符合法律规定而无效。《企业所得税法实施条例》第 84 条转至性条款规定的"非营利组织的认定管理办法"制定主体是财政部、国家税务总局、国务院，但该文件实际主体却缺少了国务院，明显不符合法律规定，应当无效。二是该文件属于政策性文件条款与上位法相冲突而无效。即使文件颁布主体瑕疵不必然导致该文件无效，但是该文件属于政策性文件，而《企业所得税法实施条例》属于行政法规，政策性文件不能与行政法规相冲突，然而该文件却增加了"非营利性组织取得免税资格后才享受免税"，这属于"在行政法规都授予了非营利组织的享受免税待遇的权利情况下，将免税资格认定设置为免税收入认定的前置条件"的负担性行政行为，属于与上位法冲突而无效的条款。三是程序性资格认定规则并不能否定实体权利。退一步讲，即使该文件有效，该文件所有条款也有效，但学校未办理免税资格认定，也不影响免税收入的认定。我国税收应当采用的是"实质课税原则"，实质课税原则是指在税务管理当中，不能只依据法律的形式判定是否课税，而要综合实际情况来衡量是否符合课税的标准，仅根据形式外观来判断非营利组织享受免税待遇是否受到影响的理论是不成熟的，要达到税制公平，就要从实质出发，从而保障税法的公正。因此，非营利性民办学校享受免税待遇的实体权利不应当以没有进行免税资格认定这种管理上的形式要件来对抗，相关的程序性认定可以根据税务部门的提示予以及时补办，补办后效力自始有效。

　　最后，学校的"学费、住宿费等收入"属于免税的范围。《财政部、国家税务总局关于非营利组织企业所得税免税收入问题的通知》规定的免税范围是"接受其他单位或者个人捐赠的收入；除《企业所得税法》第 7 条规定的财政拨款以外的其他政府补助收入，但不包括因政府购买服务取得的收入；按照省级以上民政、财政部门规定收取的会费；不征税收入和免税收入孳生的银行存款利息收入"，这样的规定属于对《企业所得税法实施条例》限缩性规定，冲突性规定，是无效的规定。对《企业所得税法实施条例》第 85 条"企业所得税法第二十六条第（四）项所称符合条件的非营利组织的收入，不包括非营利组织从事营利性活动取得的收入，但国务院财政、税务主管部门另有规定的除外"的正确理解是：非营利性组织从事营利性活动取得的收入不属于免税范围，但国务院财政、税务主管部门规定的非营利性组织从事营利性活动的收入属于免税范围除外。换言之，一般情况下，非营利组织从事营利性取得的收入都应当缴纳企业所得税，但是国务院财政、税务主管部门排除的非营利组织的营利性活动收入可以免缴企业所得税。然而，《财政部、国家税务总局关于非营利组织企业所得税免税收入问题的通知》却错误适用该法第 85 条的规定，将非营利性组织免缴企业所得税的范围大幅度缩小，将缴税的范围大幅度扩大。这显然是对上位法错误地理解与适用，与上位法相冲突而无效。所以，排除该无效文件的规定，学校的"学费、住宿费等收入"属于法律规定的免税范围。

综上所述，作为非营利性民办学校的长沙医学院与公办学校享受同等的税收优惠，其学生的"学费、住宿费等"因属于不征税收入而不需要缴纳企业所得税。退一步来讲，即使学校的"学费、住宿费等"不属于不征税收入，也因属于免税的范围而不需要缴纳企业所得税。

参考文献

[1] 吴兵．税法解释对税收法定原则的现实挑战及因应之道［J］．中山大学法律评论，2022，20（02）：245-265.

[2] 孙洋，张继．促进收入公平分配的税收制度及政策完善［J］．税务研究，2022（10）：24-27.

[3] 昝星源．社会政策原则下对股息差别化个人所得税政策的审视［J］．法制与经济，2015（04）：110-112.

[4] 刘剑文，江利杰．税法总则目标下税收效率原则的功能定位与制度保障［J］．税务研究，2023（08）：67-75.

[5] 北京市法学会编．中国经济法三十年［M］．北京：中国法制出版社，2008.

[6] 张永忠．税收法定理论研究需要层次论［J］．理论月刊，2005（10）：89-91.

[7] 车新辕．税务稽查执法困境及对策研究［D］．山东大学，2023.

[8] 顾华详．论《中华人民共和国民法典》对市场经济健康发展的保障作用［J］．西华师范大学学报（哲学社会科学版），2021（05）：22-32.

[9] 贺燕．实质课税原则的法理分析与立法研究——实质正义与税权横向配置［M］．北京：中国政法大学出版社，2015.

[10] 谢怀栻．谢怀栻法学文选［M］．北京：中国法制出版社，2002（07）：42.

[11] 王玉辉，苗沛霖．税收法定原则的宪法学思考［J］．河南社会科学，2015，23（10）：35-40＋123.

[12] 北京市高级人民法院研究室编．审判前沿：新类型案件审判实务［M］．北京：法律出版社，2017.

[13] 许家林，訾磊．论制度环境制约下的我国会计准则体系建设问题［J］．会计之友，2005（07）：72-73.

[14] 姜明安．法治的求索与呐喊［M］．北京：中国人民大学出版社，2012.

[15] 李兰英．契约精神与民刑冲突的法律适用——兼评《保险法》第54条与《刑法》第198条规定之冲突［J］．政法论坛，2006（06）：165-172.

[16] 江必新．最高人民法院研究室．司法研究与指导［M］．北京：人民法院出版社，2013.

［17］罗斌元．税务会计学［M］．北京：经济科学出版社［M］，2015.

［18］刘剑文．财税法专题研究（第二版）［M］．北京：北京大学出版社，2007：196.

［19］宣志欣．税收公平视角下云南房产税法律问题的思考［J］．云南开放大学学报，2013，15（01）：51-55.

［20］宋槿篱，马峻．加入WTO与税收公平主义原则［J］．湖南经济管理干部学院学报，2002（03）：53-55.

［21］刘剑文，陈立诚．论房产税改革路径的法治化建构［J］．法学杂志，2014，35（02）：1-12.

［22］朱诗柱，韩青．论我国经济社会发展深层次问题的财税体制根源［J］．税务研究，2007（08）：33-36.

［23］苏荣．和谐社会下财税体制构建的若干问题思考［J］．产业与科技论坛，2008（03）：196-198.

［24］董圣足．新政之下地方民办教育制度调适与创新的若干思考［J］．浙江树人大学学报（人文社会科学），2017，17（02）：7-10＋24.

［25］王锴．论行政收费的理由和标准［J］．行政法学研究，2019（03）：39-51.

［26］侯明．从实质公平角度看新个人所得税法［J］．中国农业银行武汉培训学院学报，2012（06）：75-77.

［27］王勇鹏．论教育制度的公平构建［J］．湖南社会科学，2012（06）：238-240.

［28］袁森庚．税务行政执法理论与实务［M］．北京：经济科学出版社，2008.

［29］徐孟洲．论税法原则及其功能［J］．中国人民大学学报，2000（05）：87-94.

［30］张志军．当代中国领导干部管理机制研究［D］．吉林大学，2006.

［31］李建刚．对"法无授权不可为"的认识［J］．大庆社会科学，2014（06）：15-16.

［32］冯铁拴．非营利性民办学校享受同等税收优惠待遇的障碍与突破［J］．复旦教育论坛，2022，20（06）：32-39.

［33］刘建银．准营利性民办学校研究［M］．北京：北京师范大学出版社，2010.

［34］刘亮军．非营利性民办高校办学风险防范研究［D］．厦门大学，2021.

［35］何周．唐威．谢宝朝．利益的追逐与价值的维护　民办教育机构IPO案例全景解析［M］．北京：法律出版社，2017.

［36］许建标．我国公益慈善类组织的概念厘清与税收激励政策完善［J］．经济界，2023（05）：3-8.

［37］郭文杰．论我国股权众筹的法律规制［D］．河北经贸大学，2020.

［38］邹瑜，顾明．法学大辞典［M］．北京：中国政法大学出版社，1991：1040.

［39］戴维·M.沃克．牛津法律大辞典［M］．李双元译．北京：光明日报出版社，1988：385.

[40] 方建锋. 完善相关政策法规　促进民办教育发展——全国人大教科文卫委员会考察上海《民办教育促进法》实施情况座谈会综述 [J]. 教育发展研究, 2006 (18): 82-85.

[41] 杨东平. 民办教育的善治——引导而不是禁止 [J]. 当代教育家, 2016 (11): 75.

[42] 刘珍. 营利性民办学校制度建设的探索——以温州民办教育改革为例 [J]. 中国教育学刊, 2015 (12): 75-80.

[43] 朱子平. 民办非企业单位出资人法律激励制度的构建 [J]. 经济法论坛, 2022, 29 (02): 216-234.

[44]《求是》杂志发表习近平总书记重要文章　《扎实推动教育强国建设》[J]. 社会主义论坛, 2023 (09): 2.

[45] 宁本涛. 论民办学校的范畴和性质 [J]. 教育理论与实践, 2002 (10): 21-25.

[46] 张保华. 营利性民办学校的合法性困境及其化解——也谈民办学校分类管理问题 [J]. 中国高教研究, 2012 (05): 24-28.

[47]《关于进一步鼓励社会力量兴办教育促进我市民办教育高质量发展的实施意见》政策解读 [J]. 宁波市人民政府公报, 2019 (24): 54-56.

[48] 邓伟. 税收优惠的理论解析及其法治化路径 [J]. 税务与经济, 2023 (01): 17-26.

[49] 邓力平. 中国特色"人民税收"理念新论 [J]. 东南学术, 2020 (04): 126-135 +247.

[50] 吕来明, 刘娜. 非营利组织经营活动的法律调整 [J]. 环球法律评论, 2005 (06): 730-736.

[51] [英] 亚当·斯密. 国民财富的性质和原因的研究: 下卷 [M]. 郭大力, 王亚南译. 北京: 商务印书馆, 2008: 386.

[52] 曹胜亮. 税收优惠制度的法理机理与建构路径——以企业所得税优惠制度为视角 [J]. 湖北行政学院学报, 2015 (04): 86-90.

[53] 刘大洪, 张剑辉. 税收中性与税收调控的经济法思考 [J]. 中南财经政法大学学报, 2002 (04): 94-99+144.

[54] 植草益. 微观规制经济学 [M]. 朱绍文, 胡欣欣, 等, 译. 北京: 中国发展出版社, 1992: 6-7.

[55] 财政部部长谈财税体制改革, 原则上不再出台新的区域税收优惠政策 [N]. 京华时报, 2013-11-23.

[56] 斯蒂格利茨, 周建军, 张晔. 不平等与经济增长 [J]. 经济社会体制比较, 2017 (01): 46-61+70.

[57] 刘汉霞. 我国非营利组织营利活动的税收优惠问题 [J]. 税务研究, 2014 (03): 73-76.

[58] 葛克昌. 税法基本问题 [M]. 北京：北京大学出版社，2004：200.

[59] 李俊明. 税收优惠制度的价值与法理分析 [J]. Finance and Tax Law Review, 2013, 13 (00)：352-369.

[60] 霍海燕. 试析国家、集体、个人三者之间的利益关系 [J]. 黄河科技大学学报, 1999 (02)：18-21.

[61] 余少祥. 什么是公共利益——西方法哲学中公共利益概念解析 [J]. 江淮论坛, 2010 (02)：87-98.

[62] [英] 边沁. 道德与立法原理导论 [M]. 时殷红译. 北京：商务印书馆，2000：58.

[63] [美] 博登海默. 法理学 [M]. 邓正来译. 北京：华夏出版社，1987：141.

[64] [英] 哈耶克. 经济、科学与政治 [M]. 冯克利译. 南京：江苏人民出版社, 2000：393.

[65] [爱尔兰] 凯利. 西方法律思想简史 [M]. 王笑天译. 北京：法律出版社, 2002：26.

[66] 王霞. 税收优惠法律制度研究——以法律的规范性及正当性为视角 [M]. 北京：法律出版社，2012：27-42.

[67] 叶金育，顾德瑞. 税收优惠的规范审查与实施评估——以比例原则为分析工具 [J]. 现代法学，2013，(6)：171-183.

[68] 马胜利. 非营利组织税收优惠法律制度研究 [D]. 湘潭大学，2011.

[69] 杨团. 非营利机构评估——上海罗山市民会馆个案研究 [M]. 北京：华夏出版社, 2001：48.

[70] 马胜利. 非营利组织税收优惠法律制度研究 [D]. 湘潭大学，2011.

[71] 孟军. 把握新时代税收征管特征　推进税收征管改革向纵深发展 [J]. 税务研究, 2022 (09)：43-48.

[72] 谷春德，教育部社会科学研究与思想政治工作司. 法律基础组 [M] –北京：高等教育出版社，2003.

[73] 李龙主. 汪习根. 法理学 [M]. 武汉：武汉大学出版社. 2003：56.

[74] 荣振华. 刘怡琳. 经济法概论 [M]. 北京：清华大学出版社，2017.

[75] 金荣，刘春花. 民意与量刑公正问题研究. [M]. 镇江：江苏大学出版社，2016.

[76] 沈春晖. 法源意义上行政法的一般原则研究 [J]. 公法研究，2008 (00)：50-102.

[77] 曹平，高桂林，侯佳儒. 中国经济法基础理论新探索 [M]. 北京：中国法制出版社，2005.

[78] 顾功耘. 公司法律评论 2010 年卷 [M]. 上海：上海人民出版社，2010.

[79] 周媛媛. 正确认识法律与政策的关系 [J]. 市场周刊（理论研究），2010 (07)：106-108.

[80] 童立群．中国共产党国家统一理论研究［M］．北京．九州出版社，2015.

[81] 蔡明莉．社会主义市场经济是法治经济［J］．内蒙古电大学刊，2000：86.95.

[82] 张琳．经济法概论［M］．武汉：华中科技大学出版社，2010.

[83] 马力．法学原理［M］．兰州：兰州大学出版社．2012：11.

[84] 胡平仁．法理学［M］．长沙：湖南人民出版社．2008：62.

[85] 林景仁．关于政策和法律相互关系的几个问题［J］．法学研究，1980（04）：45-47.

[86] 李龙，李慧敏．政策与法律的互补谐变关系探析［J］．理论与改革，2017（01）：
　　　54-58.

[87] 张浩．略论政策与法律的关系［J］．北京政法学院学报，1982（01）：87-91＋38.

[88] 段钢．论政策与法律的关系［J］．云南行政学院学报，2000（05）：51-54.

[89] 董立坤．谁也不能居于法律之上——兼论法律与个人、党政机关、政策的关系［J］．
　　　社会科学，1980（01）：7-12.

[90] 杨毅斌，刘庆德．《中华人民共和国乡村振兴促进法》保障共同富裕实现的问题研
　　　究［J］．中共银川市委党校学报，2023（05）：66-78.

[91] 张根大．法律效力论［M］．北京：法律出版社，1999：169.

[92] 杨忠文，杨兆岩．法的效力等级辨析［J］．求是学刊，2003（06）：74-80.

[93] 马玮岐．公共财政扶持民办高等教育发展的政策研究［J］．中国管理信息化，2017，
　　　20（11）：201-202.

[94] 陈玉琢，叶美萍．不征税收入和免税收入若干问题辨析［J］．税务与经济，2012
　　　（06）：60-66.

[95] 刘艾林．"过渡期"民办高校企业所得税税收政策研究［J］．纳税，2020，14
　　　（02）：4-5.

[96] 陈建平．加强民办教育收费监管的探讨［J］．中国价格监管与反垄断，2021（08）：
　　　23-27.

[97] 王一涛，李宝枝．分类管理后民办学校税收政策梳理与优化建议［J］．浙江树人大
　　　学学报（人文社会科学），2017，17（06）：27-32.

[98] 刘建银．准营利性民办学校研究［M］．北京：北京师范大学出版社，2010.

[99] 吴回生，柯小青．非营利性民办学校出资人的特别财产权探析［J］．广东第二师范
　　　学院学报，2019，39（06）：42-47.

[100] 王明姬．探索共同富裕的实践途径［J］．理论导报，2022（05）：8-9.

[101] 鞠光宇．民办教育对民生发展的重要性及推进策略［J］．浙江树人大学学报（人文
　　　社会科学），2018，18（05）：7-11.

[102] 吴霓，王帅．新时代民办教育改革发展的制度体系与重点策略［J］．教育研究，
　　　2018，39（06）：105-110.

[103] 骆意中. 法律面前人人平等：谁的面前？何种平等？［J］. 浙江社会科学，2023
（02）：46-55 + 156.

[104] 盛世玲，吕朝贵. 纳税人，您是否清楚自己的权利［J］. 山东人大工作，2000
（02）：33.

[105] 康渝生，李楠明. 当代中国马克思主义的生成与发展逻辑［M］. 哈尔滨：黑龙江
人民出版社，2018：320.

[106] 郭曰君. 论程序权利［J］. 郑州大学学报（社会科学版），2000（06）：18-22.

[107] 王琳琳. 论私权及其体系化［D］. 吉林大学，2012.

[108] 张培. 新高校财务制度视角下高校企业所得税的核算［J］. 产业与科技论坛，
2013，12（09）：46-48.

[109] 童之伟. 再论法理学的更新［J］. 法学研究，1999（02）：1-19.

[110] 张丽艳. 论程序选择权的生成与实现［D］. 南京师范大学，2005.

[111] 应松年. 行政程序立法的几个问题［J］. 湛江师范学院学报，2005（02）：1-4.

[112] 陈运生. 法律冲突解决的方法论研究［D］. 山东大学博士论文，2017.

[113] 蔡立东，田尧，李海平著. 团体法制的中国逻辑［M］. 北京：法律出版社. 2018.

关于非营利性民办学校学费、住宿费收入税收问题的规范性法律和政策文件汇编

中华人民共和国宪法（2018 年修正）（节录）

第十三条　公民的合法的私有财产不受侵犯。

国家依照法律规定保护公民的私有财产权和继承权。

国家为了公共利益的需要，可以依照法律规定对公民的私有财产实行征收或者征用并给予补偿。

第五十六条　中华人民共和国公民有依照法律纳税的义务。

中华人民共和国立法法（2023 年修正）（节录）

第九十一条　国务院各部、委员会、中国人民银行、审计署和具有行政管理职能的直属机构以及法律规定的机构，可以根据法律和国务院的行政法规、决定、命令，在本部门的权限范围内，制定规章。

部门规章规定的事项应当属于执行法律或者国务院的行政法规、决定、命令的事项。没有法律或者国务院的行政法规、决定、命令的依据，部门规章不得设定减损公民、法人和其他组织权利或者增加其义务的规范，不得增加本部门的权力或者减少本部门的法定职责。

第九十二条　涉及两个以上国务院部门职权范围的事项，应当提请国务院制定行政法规或者由国务院有关部门联合制定规章。

第九十八条　宪法具有最高的法律效力，一切法律、行政法规、地方性法规、自治条例和单行条例、规章都不得同宪法相抵触。

第九十九条　法律的效力高于行政法规、地方性法规、规章。行政法规的效力高于地方性法规、规章。

第一百条　地方性法规的效力高于本级和下级地方政府规章。

省、自治区的人民政府制定的规章的效力高于本行政区域内的设区的市、自治州的人民政府制定的规章。

第一百零三条　同一机关制定的法律、行政法规、地方性法规、自治条例和单行条例、规章，特别规定与一般规定不一致的，适用特别规定；新的规定与旧的规定不一致的，适用新的规定。

第一百零四条　法律、行政法规、地方性法规、自治条例和单行条例、规章不溯及既往，但为了更好地保护公民、法人和其他组织的权利和利益而作的特别规定除外。

中华人民共和国民法典（2020 年通过）（节录）

第七十六条　以取得利润并分配给股东等出资人为目的成立的法人，为营利法人。

营利法人包括有限责任公司、股份有限公司和其他企业法人等。

第八十七条　为公益目的或者其他非营利目的成立，不向出资人、设立人或者会员分配所取得利润的法人，为非营利法人。

非营利法人包括事业单位、社会团体、基金会、社会服务机构等。

中华人民共和国行政诉讼法（2017 年修正）（节录）

第五十三条　公民、法人或者其他组织认为行政行为所依据的国务院部门和地方人民政府及其部门制定的规范性文件不合法，在对行政行为提起诉讼时，可以一并请求对该规范性文件进行审查。

　　前款规定的规范性文件不含规章。

中华人民共和国民办教育促进法（2018 年修正）（节录）

　　第三条　民办教育事业属于公益性事业，是社会主义教育事业的组成部分。

　　国家对民办教育实行积极鼓励、大力支持、正确引导、依法管理的方针。

　　各级人民政府应当将民办教育事业纳入国民经济和社会发展规划。

　　第五条　民办学校与公办学校具有同等的法律地位，国家保障民办学校的办学自主权。

　　国家保障民办学校举办者、校长、教职工和受教育者的合法权益。

　　第十九条　民办学校的举办者可以自主选择设立非营利性或者营利性民办学校。但是，不得设立实施义务教育的营利性民办学校。

　　非营利性民办学校的举办者不得取得办学收益，学校的办学结余全部用于办学。

　　营利性民办学校的举办者可以取得办学收益，学校的办学结余依照公司法等有关法律、行政法规的规定处理。

　　民办学校取得办学许可证后，进行法人登记，登记机关应当依法予以办理。

　　第三十八条　民办学校收取费用的项目和标准根据办学成本、市场需求等因素确定，向社会公示，并接受有关主管部门的监督。

　　非营利性民办学校收费的具体办法，由省、自治区、直辖市人民政府制定；营利性民办学校的收费标准，实行市场调节，由学校自主决定。

　　民办学校收取的费用应当主要用于教育教学活动、改善办学条件和保障教职工待遇。

　　第四十七条　民办学校享受国家规定的税收优惠政策；其中，非营利性民办学校享受与公办学校同等的税收优惠政策。

　　第四十八条　民办学校依照国家有关法律、法规，可以接受公民、法人或者其他组织的捐赠。

国家对向民办学校捐赠财产的公民、法人或者其他组织按照有关规定给予税收优惠，并予以表彰。

中华人民共和国企业所得税法（2018 年修正）（节录）

第五条　企业每一纳税年度的收入总额，减除不征税收入、免税收入、各项扣除以及允许弥补的以前年度亏损后的余额，为应纳税所得额。

第七条　收入总额中的下列收入为不征税收入：

（一）财政拨款；

（二）依法收取并纳入财政管理的行政事业性收费、政府性基金；

（三）国务院规定的其他不征税收入。

第二十六条　企业的下列收入为免税收入：

（一）国债利息收入；

（二）符合条件的居民企业之间的股息、红利等权益性投资收益；

（三）在中国境内设立机构、场所的非居民企业从居民企业取得与该机构、场所有实际联系的股息、红利等权益性投资收益；

（四）符合条件的非营利组织的收入。

第三十五条　本法规定的税收优惠的具体办法，由国务院规定。

中华人民共和国税收征收管理法
（2015 年修正）（节录）

第三条　税收的开征、停征以及减税、免税、退税、补税，依照法律的规定执行；法律授权国务院规定的，依照国务院制定的行政法规的规定执行。

任何机关、单位和个人不得违反法律、行政法规的规定，擅自作出税收开征、停征以及减税、免税、退税、补税和其他同税收法律、行政法规相抵触的决定。

中华人民共和国民办教育促进法实施条例
（2021 年修订）（节录）

第三条　各级人民政府应当依法支持和规范社会力量举办民办教育，保障民办学校依法办学、自主管理，鼓励、引导民办学校提高质量、办出特色，满足多样化教育需求。

对于举办民办学校表现突出或者为发展民办教育事业做出突出贡献的社会组织或者个人，按照国家有关规定给予奖励和表彰。

第五十四条　民办学校享受国家规定的税收优惠政策；其中，非营利性民办学校享受与公办学校同等的税收优惠政策。

中华人民共和国企业所得税法实施条例
（2019 年修订）（节录）

第八十四条　企业所得税法第二十六条第（四）项所称符合条件的非营利组织，是指同时符合下列条件的组织：

（一）依法履行非营利组织登记手续；

（二）从事公益性或者非营利性活动；

（三）取得的收入除用于与该组织有关的、合理的支出外，全部用于登记核定或者章程规定的公益性或者非营利性事业；

（四）财产及其孳息不用于分配；

（五）按照登记核定或者章程规定，该组织注销后的剩余财产用于公益性或者非营利性目的，或者由登记管理机关转赠给与该组织性质、宗旨相同的组织，并向社会公告；

（六）投入人对投入该组织的财产不保留或者享有任何财产权利；

（七）工作人员工资福利开支控制在规定的比例内，不变相分配该组织的财产。

前款规定的非营利组织的认定管理办法由国务院财政、税务主管部门会同国务院有关部门制定。

第八十五条　企业所得税法第二十六条第（四）项所称符合条件的非营利组织的收入，不包括非营利组织从事营利性活动取得的收入，但国务院财政、税务主管部门另有规定的除外。

中华人民共和国税收征收管理法实施细则
（2016 年修订）（节录）

第三条　任何部门、单位和个人作出的与税收法律、行政法规相抵触的决定一律无效，税务部门不得执行，并应当向上级税务部门报告。

纳税人应当依照税收法律、行政法规的规定履行纳税义务；其签订的合同、协议等与税收法律、行政法规相抵触的，一律无效。

民办非企业单位登记管理暂行条例
（国务院令第 251 号）（节录）

第二条　本条例所称民办非企业单位，是指企业事业单位、社会团体和其他社会力量以及公民个人利用非国有资产举办的，从事非营利性社会服务活动的社会组织。

第五条　国务院民政部门和县级以上地方各级人民政府民政部门是本级人民政府的民办非企业单位登记管理机关（以下简称登记管理机关）。

国务院有关部门和县级以上地方各级人民政府的有关部门、国务院或者县级以上地方各级人民政府授权的组织，是有关行业、业务范围内民办非企业单位的业务主管单位（以下简称业务主管单位）。

法律、行政法规对民办非企业单位的监督管理另有规定的，依照有关法律、行政法规的规定执行。

国务院关于鼓励社会力量兴办教育促进民办教育健康
发展的若干意见（国发〔2016〕81 号）（节录）

三、创新体制机制

（五）建立分类管理制度。对民办学校（含其他民办教育机构）实行非营利性和营利性分类管理。非营利性民办学校举办者不取得办学收益，办学结余全部用于办学。营利性民办学校举办者可以取得办学收益，办学结余依据国家有关规定进行分配。民办学校依法享有法人财产权。

举办者自主选择举办非营利性民办学校或者营利性民办学校，依法依规办理登记。对现有民办学校按照举办者自愿的原则，通过政策引导，实现分类管理。

（六）建立差别化政策体系。国家积极鼓励和大力支持社会力量举办非营利性民办学校。各级人民政府要完善制度政策，在政府补贴、政府购买服务、基金奖励、捐资激励、土地划拨、税费减免等方面对非营利性民办学校给予支持。

（十四）落实税费优惠等激励政策。民办学校按照国家有关规定享受相关税收优惠政策。对企业办的各类学校、幼儿园自用的房产、土地，免征房产税、城镇土地使用税。对企业支持教育事业的公益性捐赠支出，按照税法有关规定，在年度利润总额12%以内的部分，准予在计算应纳税所得额时扣除；对个人支持教育事业的公益性捐赠支出，按照税收法律法规及政策的相关规定在个人所得税前予以扣除。非营利性民办学校与公办学校享有同等待遇，按照税法规定进行免税资格认定后，免征非营利性收入的企业所得税。捐资建设校舍及开展表彰资助等活动的冠名依法尊重捐赠人意愿。民办学校用电、用水、用气、用热，执行与公办学校相同的价格政策。

国务院关于税收等优惠政策相关事项的通知
（国发〔2015〕25号）（节录）

一、国家统一制定的税收等优惠政策，要逐项落实到位。

四、各地区、各部门今后制定出台新的优惠政策，除法律、行政法规已有规定事项外，涉及税收或中央批准设立的非税收入的，应报国务院批准后执行；其他由地方政府和相关部门批准后执行，其中安排支出一般不得与企业缴纳的税收或非税收入挂钩。

财政部、国家税务总局关于财政性资金、行政事业性收费、政府性基金有关企业所得税政策问题的通知（财税〔2008〕151号）（节录）

二、关于政府性基金和行政事业性收费

（一）企业按照规定缴纳的、由国务院或财政部批准设立的政府性基金以及由国务院和省、自治区、直辖市人民政府及其财政、价格主管部门批准设立的行政事业性收费，准予在计算应纳税所得额时扣除。

企业缴纳的不符合上述审批管理权限设立的基金、收费，不得在计算应纳税所得额时扣除。

（二）企业收取的各种基金、收费，应计入企业当年收入总额。

（三）对企业依照法律、法规及国务院有关规定收取并上缴财政的政府性基金和行政事业性收费，准予作为不征税收入，于上缴财政的当年在计算应纳税所得额时从收入总额中减除；未上缴财政的部分，不得从收入总额中减除。

财政部、国家税务总局关于非营利组织企业所得税免税收入问题的通知（财税〔2009〕122号）（节录）

根据《中华人民共和国企业所得税法》第二十六条及《中华人民共和国企业所得税法实施条例》（国务院令第512号）第八十五条的规定，现将符合条件的非营利组织企业所得税免税收入范围明确如下：

一、非营利组织的下列收入为免税收入：

（一）接受其他单位或者个人捐赠的收入；

（二）除《中华人民共和国企业所得税法》第七条规定的财政拨款以外的其他政府补助收入，但不包括因政府购买服务取得的收入；

（三）按照省级以上民政、财政部门规定收取的会费；

（四）不征税收入和免税收入孳生的银行存款利息收入；

（五）财政部、国家税务总局规定的其他收入。

关于非营利组织免税资格认定管理有关问题的通知
（财税〔2018〕13 号）（节录）

一、依据本通知认定的符合条件的非营利组织，必须同时满足以下条件：

（一）依照国家有关法律法规设立或登记的事业单位、社会团体、基金会、社会服务机构、宗教活动场所、宗教院校以及财政部、税务总局认定的其他非营利组织；

（二）从事公益性或者非营利性活动；

（三）取得的收入除用于与该组织有关的、合理的支出外，全部用于登记核定或者章程规定的公益性或者非营利性事业；

（四）财产及其孳息不用于分配，但不包括合理的工资薪金支出；

（五）按照登记核定或者章程规定，该组织注销后的剩余财产用于公益性或者非营利性目的，或者由登记管理机关采取转赠给与该组织性质、宗旨相同的组织等处置方式，并向社会公告；

（六）投入人对投入该组织的财产不保留或者享有任何财产权利，本款所称投入人是指除各级人民政府及其部门外的法人、自然人和其他组织；

（七）工作人员工资福利开支控制在规定的比例内，不变相分配该组织的财产，其中：工作人员平均工资薪金水平不得超过税务登记所在地的地市级（含地市级）以上地区的同行业同类组织平均工资水平的两倍，工作人员福利按照国家有关规定执行；

（八）对取得的应纳税收入及其有关的成本、费用、损失应与免税收入及其有关的成本、费用、损失分别核算。

二、经省级（含省级）以上登记管理机关批准设立或登记的非营利组织，凡符合规定条件的，应向其所在地省级税务主管机关提出免税资格申请，并提供本通知规定的相关材料；经地市级或县级登记管理机关批准设立或登记的非营利组织，凡符合规定条件的，分别向其所在地的地市级或县级税务主管机关提出免税资格申请，并提供本通知规定的相关材料。

财政、税务部门按照上述管理权限，对非营利组织享受免税的资格联合进行审核确认，并定期予以公布。

三、申请享受免税资格的非营利组织，需报送以下材料：

（一）申请报告；

（二）事业单位、社会团体、基金会、社会服务机构的组织章程或宗教活动场所、宗教院校的管理制度；

（三）非营利组织注册登记证件的复印件；

（四）上一年度的资金来源及使用情况、公益活动和非营利活动的明细情况；

（五）上一年度的工资薪金情况专项报告，包括薪酬制度、工作人员整体平均工资薪金水平、工资福利占总支出比例、重要人员工资薪金信息（至少包括工资薪金水平排名前 10 的人员）；

（六）具有资质的中介机构鉴证的上一年度财务报表和审计报告；

（七）登记管理机关出具的事业单位、社会团体、基金会、社会服务机构、宗教活动场所、宗教院校上一年度符合相关法律法规和国家政策的事业发展情况或非营利活动的材料；

（八）财政、税务部门要求提供的其他材料。

当年新设立或登记的非营利组织需提供本条第（一）项至第（三）项规定的材料及本条第（四）项、第（五）项规定的申请当年的材料，不需提供本条第（六）项、第（七）项规定的材料。

四、非营利组织免税优惠资格的有效期为五年。非营利组织应在免税优惠资格期满后六个月内提出复审申请，不提出复审申请或复审不合格的，其享受免税优惠的资格到期自动失效。

非营利组织免税资格复审，按照初次申请免税优惠资格的规定办理。

五、非营利组织必须按照《中华人民共和国税收征收管理法》及《中华人民共和国税收征收管理法实施细则》等有关规定，办理税务登记，按期进行纳税申报。取得免税资格的非营利组织应按照规定向主管税务部门办理免税手续，免税条件发生变化的，应当自发生变化之日起十五日内向主管税务部门报告；不再符合免税条件的，应当依法履行纳税义务；未依法纳税的，主管税务部门应当予以追缴。取得免税资格的非营利组织注销时，剩余财产处置违反本通知第一条第五项规定的，主管税务部门应追缴其应纳企业所得税款。

有关部门在日常管理过程中，发现非营利组织享受优惠年度不符合本通知规定的免税条件的，应提请核准该非营利组织免税资格的财政、税务部门，由其进行复核。

核准非营利组织免税资格的财政、税务部门根据本通知规定的管理权限，对非营利组织的免税优惠资格进行复核，复核不合格的，相应年度不得享受税收优惠政策。

六、已认定的享受免税优惠政策的非营利组织有下述情形之一的，应自该情形发生年度起取消其资格：

（一）登记管理机关在后续管理中发现非营利组织不符合相关法律法规和国家政策的；

（二）在申请认定过程中提供虚假信息的；

（三）纳税信用等级为税务部门评定的 C 级或 D 级的；

（四）通过关联交易或非关联交易和服务活动，变相转移、隐匿、分配该组织财产的；

（五）被登记管理机关列入严重违法失信名单的；

（六）从事非法政治活动的。

因上述第（一）项至第（五）项规定的情形被取消免税优惠资格的非营利组织，财政、税务部门自其被取消资格的次年起一年内不再受理该组织的认定申请；因上述第（六）项规定的情形被取消免税优惠资格的非营利组织，财政、税务部门将不再受理该组织的认定申请。

被取消免税优惠资格的非营利组织，应当依法履行纳税义务；未依法纳税的，主管税务部门应当自其存在取消免税优惠资格情形的当年起予以追缴。

民间非营利组织会计制度（财会〔2004〕7 号）（节录）

第五十八条　收入是指民间非营利组织开展业务活动取得的、导致本期净资产增加的经济利益或者服务潜力的流入。收入应当按照其来源分为捐赠收入、会费收入、提供服务收入、政府补助收入、投资收益、商品销售收入等主要业务活动收入和其他收入等。

（一）捐赠收入是指民间非营利组织接受其他单位或者个人捐赠所取得的收入。

（二）会费收入是指民间非营利组织根据章程等的规定向会员收取的会费。

（三）提供服务收入是指民间非营利组织根据章程等的规定向其服务对象提供服务取得的收入，包括学费收入、医疗费收入、培训收入等。

（四）政府补助收入是指民间非营利组织接受政府拨款或者政府机构给予的补助而取得的收入。

（五）商品销售收入是指民间非营利组织销售商品（如出版物、药品等）等所形成的收入。

（六）投资收益是指民间非营利组织因对外投资取得的投资净损益。民间非营利组织如果有除上述捐赠收入、会费收入、提供服务收入、政府补助收入、商品销售收入、投资收益之外的其他主要业务活动收入，也应当单独核算。

（七）其他收入是指除上述主要业务活动收入以外的其他收入，如固定资产处置净收入、无形资产处置净收入等。

对于民间非营利组织接受的劳务捐赠，不予确认，但应当在会计报表附注中作相关披露。

企业所得税优惠政策事项办理办法
（国家税务总局公告 2018 年第 23 号）（节录）

第四条　企业享受优惠事项采取"自行判别、申报享受、相关资料留存备查"的办理方式。企业应当根据经营情况以及相关税收规定自行判断是否符合优惠事项规定的条件，符合条件的可以按照《目录》列示的时间自行计算减免税额，并通过填报企业所得税纳税申报表享受税收优惠。同时，按照本办法的规定归集和留存相关资料备查。

国家税务总局关于全面实行税务行政许可
事项清单管理的公告
（国家税务总局公告 2022 年第 19 号）（节录）

二、严格依照清单实施税务行政许可

（三）严肃清查整治变相许可。各级税务部门要严格落实清单之外一律不得违法实施行政许可的要求，大力清理整治变相许可。在清单之外，以备案、证明、目录、计划、规划、指定、认证、年检等名义，要求税务行政相对人经申请获批后方可从事特定活动的，应当认定为变相许可，要通过停止实施、调整实施方式、完善设定依据等予以纠正。

关于医疗卫生机构有关税收政策的通知
（财税〔2000〕42 号）（节录）

一、关于非营利性医疗机构的税收政策

（一）对非营利性医疗机构按照国家规定的价格取得的医疗服务收入，免征各项税收。不按照国家规定价格取得的医疗服务收入不得享受这项政策。

医疗服务是指医疗服务机构对患者进行检查、诊断、治疗、康复和提供预防保健、接生、计划生育方面的服务，以及与这些服务有关的提供药品、医用材料器具、救护车、病房住宿和伙食的业务（下同）。

（二）对非营利性医疗机构从事非医疗服务取得的收入，如租赁收入、财产转让收入、培训收入、对外投资收入等应按规定征收各项税收。非营利性医疗机构将取得的非医疗服务收入，直接用于改善医疗卫生服务条件的部分，经税务部门审核批准可抵扣其应纳税所得额，就其余额征收企业所得税。

（三）对非营利性医疗机构自产自用的制剂，免征增值税。

（四）非营利性医疗机构的药房分离为独立的药品零售企业，应按规定征收各项税收。

（五）对非营利性医疗机构自用的房产、土地、车船，免征房产税、城镇土地使用税和车船使用税。

民办学校分类登记实施细则
（教发〔2016〕19号）（节录）

第三条　民办学校分为非营利性民办学校和营利性民办学校。民办学校的设立应当依据《中华人民共和国民办教育促进法》等法律法规和国家有关规定进行审批。经批准正式设立的民办学校，由审批机关发给办学许可证后，依法依规分类到登记管理机关办理登记证或者营业执照。

第七条　正式批准设立的非营利性民办学校，符合《民办非企业单位登记管理暂行条例》等民办非企业单位登记管理有关规定的到民政部门登记为民办非企业单位，符合《事业单位登记管理暂行条例》等事业单位登记管理有关规定的到事业单位登记管理机关登记为事业单位。

关于进一步加强和规范教育收费管理的意见
（教财〔2020〕5号）（节录）

二、完善教育收费政策

（五）坚持实施民办教育收费分类管理。按照民办教育促进法有关规定，非营利性民办学校收费的具体办法，由省级人民政府制定；营利性民办学校的收费标准，实行市场调节，由学校自主决定。普惠性民办幼儿园收费标准根据各省级人民政府出台的普惠性民办幼儿园认定管理办法，统筹考虑公办幼儿园和普惠性民办幼儿园收费水平，结合经济发展水平、群众承受能力、办园成本和财政补助水平等因素合理确定。各地要加快制定并落实普惠性民办幼儿园财政补助标准，落实义务教育阶段民办学校生均公用经费补助，加强收费标准调控，坚决防止过高收费。2016年11月7日以前设立的民办学校，在未完成分类登记相关程序前收费政策按非营利性民办学校管理。

三、健全教育收费管理制度

（十三）加强教育收费收支管理。公办普通高中和中等职业学校学费、住宿费，公办高等学校学费、住宿费、委托培养费、函大电大夜大及短期培训费等收入，作为事业收入，按照"收支两条线"要求，纳入财政专户管理。公办幼儿园收费收入管理按现行规定执行。服务性收费收入由学校按规定列支；代收费收入由学校全部转交提供服务的单位，不得计入学校收入。学校要将教育收费收支全部纳入部门预算管理，加大资金统筹力度；教育收费安排的相关支出按规定纳入项目库规范管理。结合教育收费等其他收入情况，统筹安排财政拨款预算，更好发挥财政资金使用效益。各地不得将学校收费收入用于平衡预算，不得以任何形式挤占、截留、平调、挪用学校收费资金。民办学校收费收入应全部缴入经教育行政部门备案的学校银行账户，统一管理，主要用于教育教学活动、改善办学条件和保障教职工待遇并依据有关法律法规提取发展基金。学校收取行政事业性收费时要按照财务隶属关系使用财政部门印（监）制的财政票据，在收取服务性收费时应使用相应的税务发票，代收费时应使用资金往来结算票据。

湖南省人民政府关于鼓励社会力量兴办教育促进民办教育健康发展的实施意见（湘政发〔2019〕2号）（节录）

四、完善扶持政策措施

11. 落实税费优惠政策。民办学校按照国家有关规定享受相关税收优惠政策。非营利性民办学校与公办学校享有同等待遇，按照税法规定进行免税资格认定后，免征非营利性收入的企业所得税。民办学校用电、用水、用气，执行与公办学校相同的价格政策。民办学校举办者或出资人将用于办学的土地以原值过户到学校名下，办理不动产转移登记，只收取不动产登记费和证书工本费；因学校名称变更办理土地和房屋等不动产变更登记手续的，减半收取不动产登记费，不收取第一本不动产证书的工本费。

湖南省民办教育收费管理办法
（湘价教〔2009〕99 号）（节录）

第三条　民办学校收费项目全省统一为学费、住宿费、代收费（书籍课本费、大中专院校新生体检费）和服务性收费。

民办学校对学历教育的受教育者按学期或学年收取学费、住宿费。代收费应遵循"按年（或按学期）收取，据实结算，定期公布"的原则（大中专院校新生体检费在新生入学时由学校按规定一次性向学生收取）。服务性收费除遵循代收费原则，还应坚持学生自愿原则，具体收费项目及收费标准需按学校类别和隶属关系报同级价格行政主管部门备案。代收费和服务性收费不得与学费、住宿费一并收取。

民办学校对非学历教育的受教育者收取的学费、住宿费标准，由民办学校自行确定，并在向社会公示或印发招生简章前 15 天，按学校类别和隶属关系报同级政府价格行政主管部门备案。

调整民办教育收费标准，实行"新生新办法、老生老政策"。

第十二条　民办学校收取的合法收入应主要用于教学活动和改善办学条件，任何单位和部门不得截留、平调。

任何组织和个人不得违反法律、法规向民办学校收取任何费用。

第十三条　捐资举办的民办学校和出资人不要求取得合理回报的民办学校，其收费按行政事业性收费管理，应及时办理《湖南省行政事业性收费许可证》，使用财政部门统一印制的行政事业性收费票据。

出资人要求取得合理回报的民办学校，其收费按服务性收费管理，应及时到价格行政主管部门时办理《湖南省服务价格登记证》，使用税务部门统一印（监）制的票据。

后　记

对民办学校进行营利性和非营利性分类管理改革是党和国家的重大决策部署，也是 2016 年《民办教育促进法》修正的核心精神。税收作为宏观调控的重要杠杆，对非营利性民办学校予以特别支持，让其享受与公办学校同等税收待遇，既是其鼓励社会力量兴办非营利性民办学校促进教育事业发展基本政策要求，也是《民办教育促进法》《企业所得税法》等法律相关规定的应有之义和精神实质。

本书主要是从国家法律、法治理念、基本法理、国家政策和民办教育理论和实务等多个层面展开的论证和评析，具有较为丰厚的理论价值和实务指导意义。本书形成的论断不仅符合基本法理和法治理念，还契合人民大众的普遍认知。

在本书编撰过程中，我们得到了中国法律咨询中心的大力帮助。该中心组织陈甦、崔建远、刘剑文、王轶、湛中乐、王锡锌、施正文、席月明等财税法、行政法、民商法等国内知名专家教授就长沙医学院税案进行专题论证，得出"非营利性民办学校，享受与公办学校同等税收优惠政策和待遇，其学生学费住宿费等非营利性收入免征企业所得税"的一致结论。上述教授还一致认为，"非营利性民办学校享受与公办学校同等税收待遇。这个'同等'，既是实体权利的'同等'，也理所当然地是程序权利的'同等'。公办学校无须办理"免税资格"这一程序权利，非营利性民办学校当然同等享有。"这一论断，极具价值。此前，北京大学姜明安、刘剑文、张守文、将大兴和中国人民大学徐阳光等知名教授也曾对长沙医学院税案作了深入论证，提出了"法律意见书"，其结论同样是"非营利性民办学校学费住宿费属于免税收入，免征企业所得税"。北京大学湛中乐教授，湘潭大学胡肖华教授、胡军辉教授，湖南师大黄捷教授、倪洪涛教授，中国政法大学印波教授，中央民族大学韩轶教授还给予了特别指导，或对部分文稿提出了精当的修改意见和建议。北京天达共和（武汉）郑伟男律师提出有关行政执法机关要求非营利性民办学校办理"免税资格"的部门规范性文件和相关行为是变相设定行政许可，这一观点具有独到价值。

上述专家教授和实务工作者提出的意见建议，本书予以吸收。在此一并致谢！本书由主编何彬生教授进行统筹规划并撰写第六章，主编马贤兴教授撰写第一、五、八章，杨毅斌撰写第二、三、四、十二章，魏素红和杨茹婷撰写第七、十、十一章，邓鹏撰写第九章。

编者

2024 年 6 月